1年間まるっとおまかせ!

中1担任のための
学級経営大事典

玉置崇 編著

JN048263

明治図書

Introduction

中学1年生 学級経営成功の5つの秘訣

岐阜聖徳学園大学　玉置　崇

❶ 「笑顔」を忘れない

　「笑顔を忘れないことが，学級経営を成功させるコツなのですか？」と聞かれたことがあります。私は「笑顔が一番重要です」と，自信をもって答えています。

　生徒の側から担任の姿を考えてみてください。中学校入学当初の生徒に聞くと，「中学校は小学校に比べて恐い感じがする」と答える生徒が多くいます。

　このような心境の生徒の前に，「笑顔」のない，仏頂面の担任がいたら，どのように感じるでしょうか。「失敗したら強く怒られそう」「あまり気軽に質問ができそうにない」など，学級づくり当初から，生徒が担任へ距離を置いてしまいます。

　「温かい感じがする先生だな」「この学級には，安心して居ることができるな」など，生徒がこれから始まる中学校生活をプラスに感じることができるようにするには，担任の包み込むような笑顔が大切です。

❷ 1日に1回は学級に「笑い」を起こす

　「1時間に1回も笑いがない授業をした教師は逮捕せよ」

　とは，社会科授業名人の故・有田和正先生の名言です。

　ご自身の中学校時代を振り返ってみてください。みんなで気軽に笑い合える学級は楽しかったのではないでしょうか。有田先生は，楽しい授業づくりには，笑いが欠かせないと言っておられるのです。このことは授業だけではなく，学級生活にも同様で，笑いは学級経営を安定させるコツの1つです。

もちろん人をさげすむような笑いがあってはいけません。共感の笑いです。

　教師の自己開示が，生徒との距離を縮めると言われます。「先生もこんな失敗するんだ。私と一緒！」と共感すると，生徒は明るく笑います。

　「中学生になると，定期テストというものがあります。先生はテスト前に一夜漬けをしたことを思い出します。教科書を開いたまま，いつの間にか，そこに伏せて寝てしまって…。気づいたら，ページがよだれでベトベト」

　このような教師の経験談は，自分でもありそうだから共感できるのです。聞いているだけで楽しいのです。

　朝や帰りの会，給食の時間などに，担任が何かしら話題提供をして，みんなでわあっと笑い合うことを楽しんでください。笑いの多い学級は，安定した学級の証でもあります。

③ 「よい学級」の具体像を書き出す

　すべての担任が「よい学級」をつくりたいという思いをもっていることでしょう。

　ところが「あなたが考えるよい学級を具体的に教えてください」と聞くと，曖昧な場合が少なくありません。もちろん，一言で「よい学級」を語るのは難しいことですが，いくつかの具体的なイメージをもっていることが大切です。

　そこで，自分で場面を限定して，「よい学級」のイメージを書き出しておくとよいでしょう。

〈授業中〉
　・教師が話し出したら，すっと集中できる学級
　・発言者の方に自然に顔を向けて聞こうとする学級
　・「そうか」「わかった」「わからないから教えて」などと素直につぶやくことができ，そのつぶやきを学級全体が大切にする学級
　・学びから逃げようとしている仲間に声をかけて戻そうとする学級

〈学校行事・学年行事〉
　・誰もが学級所属意識をもって行動できる学級
　・うまくいかないときにこそ，学級でそれを乗り越えようという行動が見られる学級
　・学校や学年の規律を保とうと行動できる学級
　・リーダーやフォロワーとしてどうあるべきかがわかっている学級

　このように具体的場面で，自分が考える「よい学級」の姿を書き出しておきましょう。担任として学級を見つめるポイントが明確ですから，よい点はズバリほめることができます。また，改善してほしい点を明確に示すことができますので，学級づくりに失敗しません。

④ 「判断尺度」を安定させる

　生徒が嫌う担任は，その都度，相手によって判断が変わる担任です。

　北海道教育大学の横藤雅人先生は，織物を織ることを学級づくりに例えて，「縦糸・横糸をしっかり張る」ことが大切だと言われています。

　しっかりとした縦糸張りは，「判断尺度を安定させる」ということです。

　特に４月当初は，生徒から聞かれることが多くあります。

　「先生，この資料集は学校に置いていっていいですか」

　「先生，どうして１年生はあの場所に入ってはいけないのですか」

　「先生，中学校では給食の食べ残しはダメなのですか」

　など，小学生気分がまだ抜けきれませんので，いろいろと質問してくる生徒がいるでしょう。そうしたときに，「判断尺度」をぶらさず，端的に答えることです。

　１人の生徒に伝えたことは，他の生徒にも伝わります。

　「あれっ，先生は私にはそう言わなかったよ」

　といったことがいくつか続くと，生徒からの信頼を失うことになります。不安定な学級を生み出す要因となりますので，要注意です。

　ちなみに正しい応答にもかかわらず，「判断尺度」がぶれるのは，隣の学級や先輩教師を意識しすぎてしまうことがあるからです。「このような返答をしたら，隣の学級とは違ってしまうかな」「先輩教師から，その判断は違っているよと言われてしまうかな」といった迷いが「判断尺度」のぶれにつながります。「自分はこの学級の担任なのだ！」と，自信をもって応答すればよいのです。

⑤ 価値づける言葉を多用する

　担任として，集団のよさを価値づけたり，生徒に望みたいことを示す言葉を多用したりすることが大切です。これらを４月から６月頃にかけて，特に意識して行うことが学級経営成功のコツの１つです。できるだけ早期に担任が描く学級像を示すことが重要なのです。

　心ある生徒は担任の思いに応えようと行動します。そのような生徒には，担任としての嬉しさを伝えたり，さりげなくほめたりしましょう。すると，あまり意識していない生徒も徐々に考えて動くようになります。焦ることはありません。価値づける言葉を記した掲示物をつくって掲示すると，自然に生徒の目に入り，普段から意識させることにもつながっていきます。

Contents

3章 年度はじめの環境・システムづくり

4章 春の行事指導のポイント＆アイデア

5章 年度はじめの生徒指導・学習指導のポイント

6章 信頼される 保護者対応術

7章 夏休み明けの 学級引き締め＆盛り上げ術

8章 秋の行事指導の ポイント＆アイデア

9章 学級グレードアップのアイデア

中1担任の学級経営 Q&A

春休み～
最初の1週間の
全仕事ガイド

春休み

春休み中のタイムテーブル

	学年・学校単位でやること	担任としてやること
7日前	・新年度の学年経営方針を確認 ・指導要録，健康診断表，歯科検診表，出席簿，給食実施簿，生徒名簿など，帳簿類の準備	・担任する生徒の状況の確認 ・学級名簿の作成 ・予定表の作成
6日前	・教室，廊下，黒板，ロッカー，靴箱の清掃 ・破損，汚れの修復	・蛍光灯，ロッカー，カーテン，机，椅子，傘立て，黒板消しの整備 ・生徒手帳の準備
5日前	・生活・学習のきまりの確認 ・学年だよりの発行（学年の経営方針，学年教師集団の紹介）	・日直，係，給食当番，清掃当番のしかたの確認 ・座席表の作成
4日前	・入学式，新任式，始業式の流れの確認 ・発表用に学級編制名簿の拡大版を印刷	・日直カード作成 ・自己紹介カードの作成（担任の見本）
3日前	・各学級の状況確認 ・学力検査・知能検査の準備	・学級通信作成
2日前	・入学式の準備に必要なものの確認（名札，教科書） ・配付するプリントの印刷	・学級目標，ルールのたたき台づくり ・掲示物の台紙，題字作成
前日	・入学式会場の確認 ・配付物の確認 ・ロッカー・靴箱の名前シール貼り	・教室の飾りつけ，環境整備 ・担任自己紹介の練習

学年・学校単位の仕事ガイド

❶学年の先生と密な打ち合わせをする

　4月になってから入学式までの準備期間は短いです。そして、新学年の準備は書類の準備など事務的なものが多くあるので、1人ではやりきれません。自分1人で進めようとすることなく、学年で歩調を合わせて協力することを第一とします。学級ごとに方法が違うと生徒と保護者の不安材料になります。「いつまでに」「何を」「誰が」行うのか早めにはっきりさせ、それぞれの分担に責任をもって進めましょう。

❷書類の整理を徹底する

　指導要録、健康診断表、歯科検診表、出席簿、給食実施簿、生徒名簿、名前印、保健調査票、健康手帳、家庭環境調査票。

　公簿となるもの、校内で統一して使用するものなど、取り扱いに注意すべきものが多くあります。必ず学年で整理のルールを定め、統一して管理しましょう。また、整理しながら、生徒の名前を覚えたり、既往症などの配慮すべき事項を確認したりするとよいでしょう。

❸学年での環境整備をする

　教室の清掃（床、窓、黒板、掲示板、ロッカー、教卓、廊下、掃除道具箱）を行い、新入生を迎える準備をしましょう。

　西田幾多郎は「人が環境をつくり、環境が人をつくる」と述べました。すっきりした環境の生活は、落ちついた学級づくりの第一歩です。

担任としての仕事ガイド

❶最高の出会いの仕込みをする

　1年生は、期待と不安を抱いて入学してきます。「中学校生活は楽しそうだ」「この学級なら安心して過ごせそうだ」と思うことのできる出会いの演出を、春休みのうちから考えておきます。例えば、自分の趣味の話など実物を示して紹介することもよいでしょう。

❷環境整備を徹底する

　教室内の備品のほころびや破損は早めに見つけ、ピカピカの状態で初日を迎えられるようにしましょう。また、2日目くらいからは教室がぱっと華やぐような飾りつけや、黒板に生徒に向けての励ましのメッセージを書き始めましょう。

　また、教卓付近など自分の事務机のまわりも整頓しておきたいです。物を紛失することがなくなり、探す時間も短縮され、事務効率が向上します。1年経つと、生徒の言動は恐ろしいほど担任に似てきます。もちろん、職員室の自分の机も同じです。

❸当面の予定表を早めに用意する

　1年間、1学期、1か月の予定を確認しておきましょう。1週間分の動きや持ち物、提出物などの詳しい内容が記入された予定表を作成して配付します。提出物などは項目の前に点検欄をつけておくと、生徒自身が自分で確認することができます。

　しばらくは毎日活用できるように持参させ、後でメモをつけ加えることができるような形式にしておくとよいでしょう。

1日目（入学式）

1 日目のタイムテーブル

〜7：50	・教室の開錠，窓の開放 ・教室内の確認 ・下靴と上靴の置き場所の確認（生徒を引率する場合） ・学級編制表の掲示の準備
7：50〜	・職員打ち合わせ
8：00〜 8：45	・生徒の出迎え，保護者の案内 ・学級編制表の掲示 ・学級ごとに男女名簿番号順に整列 ・出欠席の確認，学年主任に報告 ・教室へ引率，靴箱・仮座席の指定，手洗い ・入学式に参加する心構え ・入学式へ移動時の整列指導，入場準備
9：00〜 9：30	・入学式 ・担任発表，紹介 ・教室へ引率指導
9：40〜 10：20	・学級開き①（学級活動） ・担任の自己紹介，学級の願い ・新任式・始業式へ移動時の整列指導，入場準備
10：30〜 11：00	・新任式・始業式 ・新入生歓迎会で代表としてあいさつする生徒の指導
11：10〜 12：00	・学級開き②（学級活動） ・教科書の配付 ・今後の予定の連絡 ・明日の登校・下校時刻，持ち物等の連絡
12：15〜	・下校 ・教室の整理・整頓，施錠
12：30〜	・職員打ち合わせ
13：30〜	・職員会議，学年部会

1日目（入学式）の仕事ガイド

いよいよ，入学式当日になりました。

担任と生徒との大切な出会いの日です。明るく笑顔を忘れず，生徒，保護者と対面しましょう。緊張感にあふれ，慣れない状況ですが，あいさつや配付物，確認事項など必要不可欠なことが盛りだくさんです。前日までに万全の準備をして，この日を迎えましょう。

また，帰りには，「先生も今日は緊張しました。みんなもそうだよね。でも，みんなの顔を見て安心しました。明日も待っているね」とねぎらいの言葉を添えて帰宅させるとよいでしょう。帰宅したら，保護者へのお礼も伝えてもらいましょう。

❶学級編制表を活用する

学級編制表は，学年の先生と一緒に指定された場所に掲示します。発表後は，きれいに取り外し，教室に運びます。編制表は，しばらく教室に掲示しておくと，生徒がお互いの名前を覚えることに役立ちます。

❷笑顔で生徒を迎える

担任する生徒との初対面なので，笑顔で気持ちよく迎え入れます。なお，学年所属は靴箱から教室へ誘導案内します。

教室が校舎の何階にあるのかを案内する必要もあります。トイレを使いたい生徒もいるので場所も指示しましょう。

どの生徒も「中学生になったから今まで以上にがんばろう」という気持ちで登校しています。今日1日の中で，どの生徒にも1回は声をかけてあげたいです。例えば，「元気なあいさつをするね」「話を聞く姿勢がすばらしいね」などです。

❸座席・ロッカー・名前を確認する

荷物をロッカーに入れたら，座席を確認させて，着席させます。教室の入り口と前面黒板に座席表を貼っておくとわかりやすいです。ロッカーの入れ方は，あらかじめ手本となる写真を撮って掲示しておくと，誰でもすぐに理解できます。

机の大きさが同じではない場合，身長の高い生徒が大きいサイズを使えるように，後から交換します。そのとき，作業しやすいようにわかりやすく配置するとよいでしょう。

全員の名前を呼んで返事をさせてください。事前に読み仮名をつけた名簿を用意しておくとよいです。必ず「○○くん」「○○さん」と読みましょう。「親しき仲にも礼儀あり」と言われます。「くん」「さん」をつけられて嫌な人はいませんが，つけられずに不快に感じる人はいます。一人ひとりを大切にしていることを示すためにも，「くん」「さん」をつけて笑顔で呼名してあげてください。

2日目

2 日目の時間割例

1限	学級活動①	提出書類等の回収 自己紹介 本日の動きの確認 生徒手帳の記載内容の確認 校内巡り
2限 3限	身体測定	更衣場所，更衣のしかたの確認 無言で移動・待つことの確認 お礼「お願いします」「ありがとうございました」 時間が余ったら，自己紹介カードの作成
4限	通学団（住所をもとに分けた集まり）の指導 避難訓練	明日の登校・下校時刻，持ち物の確認 移動する教室・経路の確認 訓練内容の確認

2 日目のチェックポイント

- ☐ 生徒の登校前に，黒板に担任からの励ましのメッセージを書く
- ☐ 登校時，頭髪や服装に問題がないか確認する
- ☐ ロッカーの場所や使い方を確認させる
- ☐ 前日配付した家庭環境調査票や保健調査票などを回収する
- ☐ 回収した家庭環境調査票や保健調査票などを点検する
- ☐ 身長に合った机・椅子になっているか確認する
- ☐ 生徒の下校後，忘れ物がないか確認し，机を整頓する
- ☐ 翌日学級委員選出に使う投票用紙を用意する
- ☐ 翌日の学力検査の準備をする

2日目の仕事ガイド

昨日は入学式。生徒にとっても担任にとっても慌ただしい1日でした。まだ授業は始まりませんが，今日からいよいよ通常の中学校生活が始まります。何でも最初が肝心です。基本的な生活習慣を身につけさせるために，担任は細かい点にも気を配りたいものです。

また，新しい環境になかなか慣れない生徒もいます。まず，座席の近くの生徒同士で話をする機会を設けましょう。もちろん，今日も全員に声をかけてあげましょう。

❶登校指導で声かけを行う

昇降口または教室で生徒を迎えます。さわやかにあいさつをして，できる限り全員に声をかけるようにします。また，頭髪や服装に問題がある場合は教室に入る前に直させます。2日目段階での頭髪や服装の乱れは，反抗ではなく単純に「知らないから」ということが多いので，短い声かけで直させておくと後々の生徒指導が円滑になります。

❷整理整頓を心掛けさせる

自分の靴箱，ロッカーの確認をさせ，荷物を整理して靴やかばんを入れさせます。そして，整っていたら「美しいね」「気持ちいいね」「こういうところに気をつけるといいね」と全体に伝えると，どんどんよくなっていくでしょう。

また，生徒が下校してから教室を見てください。机と椅子が整頓されている生徒，整頓されていない生徒，ごみが多く落ちている生徒，さまざまです。朝，登校してきたときに気持ちよく1日が始められるように整えておくとよいでしょう。

❸集団行動を徹底する

身体測定や避難訓練など，学級でまとまって移動したり，行動したりすることが増えてきます。教師の指示で動けるようにすると，今後の活動が円滑に進められます。「無言で廊下に男女別名簿番号順に並んでください」など，簡潔に指示ができるように心がけましょう。また，ザワザワしているときは，全員が注目するまで待つことが大切です。

避難訓練では，自他の命を大切にするとともに，避難のしかた，避難経路，避難場所の確認をします。校内放送が始まったら静かに聞くことは，日頃から心がけさせたいことの1つです。

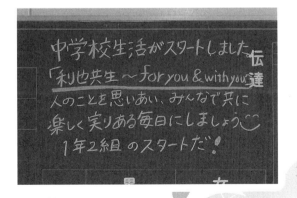

3日目

3 日目の時間割例

1限	学級活動② 学級写真撮影	日直・当番の活動内容の確認 1日の動き・生活のきまりの確認 廊下で身長順に整列 無言で移動
2限	学級活動③	給食・清掃の意義と注意事項の確認 給食・清掃の動きの確認
3限 4限	学力検査① 学力検査②	実施方法の共通理解 テストの受け方の指導 記名，組や出席番号等の間違いに注意 解答用紙に記入しているか確認
5限	学級活動④	学級委員の活動内容の説明 級長・議員・書記の選出
6限	部活動説明会	部活動の選び方の注意 体育館への移動時の整列指導

3 日目のチェックポイント

- ☐ 生徒の登校前に，黒板に担任からの励ましのメッセージを書く
- ☐ 登校時，頭髪や服装に問題がないか確認する
- ☐ ロッカーの場所や使い方を確認させる
- ☐ 配付した家庭環境調査票や保健調査票などを回収する
- ☐ 回収した家庭環境調査票や保健調査票などを点検する
- ☐ テストの解答用紙に記載漏れがないか点検する
- ☐ 生徒の下校後，忘れ物がないか確認し，机を整頓する
- ☐ 翌日の知能検査・学力検査の準備をする

3日目の仕事ガイド

授業開始までは，身体測定などの行事，標準学力検査，給食・清掃当番を軌道に乗せるための学級活動の時間が多くあります。

生徒議会や委員会活動の開始時期から逆算すると，リーダーとなる級長や議員，書記を選出し，学級組織・生徒会組織を早めにつくることが迫られます。まだ人間関係ができていない時期なので，意欲的な生徒が立候補できるよう担任からの声かけが必要になります。小学校の担任からの情報も参考にして，事前に声をかけてもよいでしょう。

❶日直・当番の仕事を始める

1年生のはじめは，担任主導で仕事を決めていくとよいでしょう。日直は，座席の隣同士，男女のペアで行い，仕事内容は学年で共通したものにします。進級したときに，学級ごとにばらばらだとはじめから担任不信を生みます。また，次年度の学級経営も難しくなります。学校で決められたものを基に，学年で話し合って内容を決めます。

帰りの短学活で，日直に仕事の自己評価をさせ，翌日の日直を確認しておきます。

❷級長など学級のリーダーの決定する

級長など学級のリーダーを選出します。仕事の内容を説明したあと，選出方法について伝えます。立候補した生徒がいたら，自己アピールの機会を与えます。あらかじめ用意しておいた投票用紙を配付し，記名させます。開票は，仮の級長を使って廊下で行います。黒板に「正」の字を書いてはいけません。せ

っかくのやる気がそがれ，自尊心を傷つけることになります。

決定したら，他の生徒も指示をよく聞いて，協力するようにつけ加えます。また，中学校は教科担任制のため，学級の様子が担任にはよくわからないことがあります。授業中に気になることがあったり，いじめがあったり，孤立する生徒がいたりしたら，すぐに教えてくれるように依頼します。木曜日の授業後など，時間を決めて学級のリーダーから様子を聞くとよいでしょう。責任をもたせ，自治的な活動ができるように育てていくことが大切です。

❸部活動を決める

2年半所属する部活動を決めていきます。部活動紹介の後，見学，体験，仮入部などを行ってじっくり決めることを伝えます。「友達が一緒だから」とならないように，自分が続けていけそうな部活動を選べるよう，自身の体験を踏まえて話をしてあげましょう。部活動が励みになって，学習など学校生活をがんばれる生徒がいます。また，その反対の生徒もいます。部活動の様子は担任として気にかけましょう。

4・5日目

4・5日目の時間割例

1限	知能検査	前日までに必ず自分で実際に実施 全員がやり方を理解しているか確認 ストップウォッチを用意
2限 3限	学力検査③ 学力検査④	実施方法の共通理解 テストの受け方指導 記名，組や出席番号等の記載間違いに注意 解答用紙に記入しているか確認
4限	学級活動⑤	自己紹介カードの作成
5限	学級活動⑥	係・委員会活動の内容の説明 係・委員会活動の決定
6限	学級活動⑦	教室環境の整備 時間割，最初の授業の持ち物の確認 学級活動で行うことのやり残しを実施

4・5日目のチェックポイント

- ☐ 生徒の登校前に，黒板に担任からの励ましのメッセージを書く
- ☐ 登校時，頭髪や服装に問題がないか確認する
- ☐ ロッカーの場所や使い方を確認させる
- ☐ 配付した家庭環境調査票や保健調査票などを回収する
- ☐ 回収した家庭環境調査票や保健調査票などを点検する
- ☐ テストの解答用紙に記載漏れがないか点検する
- ☐ 最初の授業の持ち物を確認する
- ☐ 生徒の下校後，忘れ物がないか確認し，机を整頓する

4・5日目の仕事ガイド

このあたりから，給食や清掃が始まります。班を編成し，役割分担をすることで責任をもち，協力し合う関係をつくらせたいものです。

それぞれの活動の目的や意義を一つひとつ考えさせることも必要です。やらされるからではなく，自分やまわりの仲間に役立つ仕事であることを意識させ，活動させましょう。ここが理解されていれば，例えば給食の場合，準備に要する時間を極限まで縮めることができます。目的・意義に裏打ちされたルールをきちんと守らせることが，みんなが安心する学級づくりにつながっていくのです。

なお，1年時には，給食配膳・清掃方法にしても，基本的な合理的方法を担任が示すのがよいでしょう。

❶給食のシステムをつくる

給食当番の仕事分担，準備や片付けのしかた，会食のしかたについて生徒に説明していきます。ポイントになるのは，何時何分までに何をするのかはっきりさせることと，安全への配慮です。午前中の授業が終わったら，すぐに机を移動させ，手洗いを済ませ，給食の準備に取りかかれるように，担任が教室に行くようにします。給食準備中は，当番以外は着席して静かに待たせ，全体を見ながら準備を見守ります。

❷清掃のシステムをつくる

掃除場所は担任が決め，一人ひとりの分担は，1学期は担任が決めて，2学期からは生徒に決めさせてもよいです。誰かが余分に負担することのないように見ていきます。また，教師も進んで掃除を行いましょう。教師が掃除を行う姿を見て，生徒も進んで汚れを見つけてきれいにしていきます。「気がつく生徒」「進んで行動できる生徒」をほめ，その数を増やしていきましょう。

❸教科の授業を始める心構え

明日からいよいよ教科の授業が始まります。

中学校は教科担任が教科の特徴を話したり，教科ごとの授業の受け方，家庭学習のしかたを話したりしますので，担任は新しい教科学習を楽しみにしましょうといった程度の話で十分です。

（濱田　隆史）

入学式

成功のための6つのポイント

1 見た目は第一印象の大半を占める！ 身だしなみをチェックしよう

人が外部から得られる情報の中で，最も大きな印象を与えるものは"視覚"です。清潔な身だしなみは，信頼感に繋がります。頭のてっぺんからつま先まで，しっかりと確認しましょう。

2 慌てる素振りは信頼感ダウン！ 式とその前後の動きを徹底確認しよう

当日，生徒は教師の指示に従って動くしかありません。自信をもって的確な指示を出せる教師に，生徒も保護者も信頼感を抱きます。大事な日に，他の先生に伺う姿は見せたくないですね。

3 保護者にとってはたった一人の大事な子！ 生徒情報をインプットしよう

様々な不安は，小さな気遣いで解消されます。小学校からの申し送りには穴が開くほど目を通し，生徒の氏名とあわせて完全に頭に入れておきます。呼名の練習も必須事項です。

4 環境は人をつくる！ 教室環境を徹底的に整えよう

綺麗に整えられた空間では，人の心も自然と落ち着くものです。最初に教室に入った時に整然としたイメージを与えられれば，その後も整った教室を維持することできるでしょう。

5 時間は想像以上に短い！ 話す内容を準備してシミュレーションしよう

入学式後の教室では，あっという間に時間が過ぎてしまいます。限られた時間の中で必要な内容を正しく伝えるためにも，内容を整理し，話し方まで練習をしておく必要があるでしょう。

6 プリントは家でじっくり見られる！ 学級通信に熱い思いを込めよう

家に帰ってホッとした後，生徒は教師の顔を思い浮かべながらプリントを見直すことでしょう。教師の思いが込められた学級通信を読んで，中学校生活に期待を抱いてもらいたいですね。

❶ 見た目は第一印象の大半を占める！　身だしなみをチェックしよう

　１年生を担任すると決まったら，はじめに，入学式で生徒や保護者の前に笑顔で立つ自分の姿をイメージしてみてください。キリッとした爽やかな表情でありながら柔らかな温かい眼差しであれば，きっと第一印象はよいものになるでしょう。

　教師を一目見た途端，生徒たちが安心できるような心配りも大切です。保護者の方々は，真っ先に教師の見た目をチェックします。入学式は明るく爽やかに，卒業式のような黒っぽい色にならないように気をつけたいものです。

　女性の場合，コサージュやシャツ，ブラウスの色をパステルカラーにするだけでも印象が違います。

　担任にとっても，入学式は晴れ舞台です。気分を変えて新調できるとよいのですが，昨年のスーツを

着る場合は自分の今の体型に合っているか確認しましょう。ブカブカのズボンもだらしないですし，当日になってスカートやズボンのファスナーが閉まらない…ということなどがないようにします。

　しかし，目を向けるのは服装だけではありません。身だしなみチェックは，頭のてっぺんからつま先まで徹底しましょう。爪はしっかりと切って清潔感を出します。靴下やストッキングはできれば新品を使いたいものです。そんなところまで，意外と見られているのです。スリッパやシューズなど，はきもののチェックも忘れずに行いましょう。破れていたり汚れていたりする場合は，思い切って新調するよいきっかけです。

　そして最後に，首から上です。生徒はじっと顔を見て教師の話を聞き続けます。寝癖で髪の毛がハネていたら，気になって集中できません。ボサボサの髪の毛では，信頼感も損なわれてしまいます。前日までにしっかりと整えておきましょう。また，疲労や睡眠不足で顔色が悪いのにも要注意です。女性は化粧も控えめに，爽やかですっきりとした表情で生徒を迎えられるように心がけましょう。

❷ 慌てる素振りは信頼感ダウン！　式とその前後の動きを徹底確認しよう

　出席確認を済ませて教室に生徒が揃ったら，教師は入学式に関する指示を出します。詳しい自己紹介などは式が終わって教室に戻ってきてからとなります。

よって，ここでの指示が教師からの最初の話となり，担任する生徒の第一印象となります。正確でわかりやすい指示をすることで，安心感を与えましょう。

　式に臨むための指示は，「はきものの交換や名札の装着」「入場から座席へのルートや座るタイミング」「式中の起立・礼・着席などの動き」…あげればキリがありません。1つでも抜けてしまっては，せっかくの晴れ舞台が台無しです。それに加えて，トイレなどの指示も必要となります。

　事前に学年部会などで確認をすると思いますが，メモを見る回数を少なくし，堂々と話せた方が「先生はしっかりとわかっているな」と思わせ，好印象を与えやすいです。学校全体の流れや生徒の動きを何度もイメージし，しっかりと頭に焼きつけておくことで，的確でわかりや

すい指示を出せるようにしておきましょう。「隣の担任に確認に行く」などといった姿を見せてはいけません。

　同様に，教室に戻ってからやるべきことや，その時間配分も十分に確認しておきます。式後に保護者も教室に入る学校が多いと思います。そこで時間が余ってしまって間延びしたり，時間が足りなくなって早足に説明したりしてしまっては，マイナスのイメージを与えてしまうことに繋がります。1日の動きについては，徹底的にシミュレーションしておきましょう。

❸ 保護者にとってはたった1人の大事な子！　生徒情報をインプットしよう

　新年度最初の学年部会では，小学校からの申し送りで生徒情報を確認するでしょう。その情報は穴が開くほど読み返して徹底的にインプットします。特に，身体的な特徴をもつ生徒などはしっかりと押さえておき，下校する前に保護者にもこちらから声をかけるようにしましょう。予想される困りごとと学校側の対応を事前に準備しておくと，さらに安心感を与えられます。学年主任や養護教諭と詳しく相談をしておきましょう。

　最初の学級会では，全生徒を呼名し，元気よく返事をさせます。そのために，生徒全員の氏名をハキハキと呼べるように，何度も練習を繰り返しておきます。間違えたり詰まったりしては，大変な失礼となります。教師が上手に呼名をすることができれば，生徒も元気に返事をしてくれることでしょう。このやりとりが，生徒一人ひとりとの最初のコミュニケーションとなるわけですから，とても大切なことです。また，生徒全員の氏名が記憶されていれば，顔を覚えるのも早くなります。覚えられるまで声に出して練習しましょう。

　ただし，生徒は中学校で新たなスタートを切るために，気分一新，希望をもって登校してき

ます。マイナスの生徒情報は頭の片隅にしまっておき，色眼鏡なく見てあげられるように努める必要があります。全員が同じスタートラインに立てるように舞台を整えましょう。

❹ 環境は人をつくる！　教室環境を徹底的に整えよう

　整然とした空間では，人は自然と落ちついた雰囲気になりますし，姿勢も自然とよくなります。初めて教室に入る瞬間，教室内がピシッ！としていれば，生徒も小学校との違いを感じることでしょう。机の配置はもちろん，机の上に置かれた教科書やプリント類，さらには生徒手帳や名札なども，ミリメートル単位で揃えるくらいの気持ちで整頓しましょう。学級通信や学年通信を真ん中に目立つよう

に置いておくと，見栄えがよくなるだけでなく，着席した生徒が自然と読み始めるので，教師が指示をしなくても自然と静かに待つ雰囲気ができます。この瞬間から，自主的に活動することを教えられます。また，「何も言わなかったのにとてもよい雰囲気で待つことができましたね」とほめる材料にもなるでしょう。

　机・椅子やロッカーに氏名を記したシールを貼る学校も多いでしょう。既に覚えている生徒の氏名を声に出して読み上げ，まだ見ぬ生徒の姿を想像しながら貼っていけば，白然と丁寧に貼れます。これも歪んだりしわになったりしないよう，細心の

注意を払って行いましょう。丁寧さは必ず伝わります。

　座席表や生徒名簿などの教室掲示物も，丁寧に用意します。ほんの些細な乱れから，時間をかけて大きな綻びへと繋がってしまいます。生徒の中にある小さな不安が，一瞬で大きな期待に変わる，そんな明るい教室空間を準備しましょう。

　最後に，黒板です。前日の準備で在校生が飾りつけを行ってくれていると思いますが，担任教師からのメッセージは必ず書きましょう。印刷された活字と，気持ちのこもった直筆の文字では，温かみに差が出ます。じっくりと時間をかけて内容を考え，丁寧に書き上げます。長く

なりすぎないように気を配りつつ，担任の思いが伝わる言葉を選びましょう。1年間の学級経営でポイントとしたいキーワードを入れておくと，「最初のメッセージにも書きましたね」と繰り返し話ができます。

⑤ 時間は想像以上に短い！ 話す内容を準備してシミュレーションしよう

身だしなみや環境の整備はとても大切ですが，あくまでも「マイナス」を生まないための要素であり，大きな「プラス」を生み出すのはやはり教師の話です。生徒や保護者の心をがっちりと掴むため，堂々とした態度で，明るく笑顔で話ができるように準備をしましょう。小学校の教師との違いを意識した話し方を心がけます。

中学生はいわば「半分子ども，半分大人」の状態です。内容がしっかりと伝わるように配慮しつつ，大人扱いをしなければなりません。上から目線の話し方は絶対にNGですが，丁寧すぎて子ども扱いを感じさせてもよくありません。1度の説明で理解させられるように，1文を短く話しましょう。少々難しい言葉を混ぜてみるのもよいでしょう。自分たちが1つ上のステージに上がったと感じさせられます。その際には，わからない顔をした生徒を見逃さないように，注意深く観察しながら話しましょう。

終始，正しい丁寧語で厳かな雰囲気を出しながら話すことを心がけましょう。しかし，堅いイメージを与えすぎるのもよくありません。「中学校はきちんとしていて，でも楽しそう」と思わせることが失敗しないためのポイントです。後半は業務連絡的な内容が大半を占めてしまうので，勝負どころは担任の自己紹介です。少し違った楽しい雰囲気を出しつつ，生徒の気を引くことができるネタを考えましょう。場面による雰囲気の変化をつくり出すことができれば，生徒に「メリハリをつける」ためのお手本ともなります。担任の腕の見せどころです。

どれだけ周到に準備をしても，教師も人間です。初めて会う40人近くの生徒とその保護者を

目の前にして，緊張もあるでしょう。思い通りに話せなくなってしまうことのないよう，何度もシミュレーションを教室で行うなど，練習を重ねましょう。時間配分もしっかりと意識し，限られた時間をスマートに活用します。「できる先生」という印象を与えられるよう，がんばりましょう。その努力は必ず「失敗しない入学式」に繋がります。

⑥ プリントは家でじっくり見られる！　学級通信に熱い思いを込めよう

　緊張の入学式を終えて帰宅した生徒は，保護者と「先生の印象」について会話をすることでしょう。生徒は，自身のもった印象と保護者がもった印象を照らし合わせながら会話をし，翌日以降の中学校生活をイメージします。そして，翌日の準備をする際に，持ち物や予定が書かれた学級通信を見ます。担任の顔や話などを思い出しながらもう1度メッセージを読み返すはずです。口で話したことでも，活字になっていると印象が変わります。何度読まれてもよい印象を与えられるメッセージを込めて，学級通信を用意しましょう。文章から担任の個性が見て取れるようなものがよいでしょう。

　小学校から上がったばかりの生徒たちです。隙間が少なく，ぎっしりと字が並ぶ通信は読む気が失せてし

入学おめでとう！

－ 新しい仲間との、新しい生活の始まり －

入学おめでとう！そして、ようこそ1年5組へ！これからこの34名で新たな「人生の1ページ」を作り上げていきましょう！良い1年になるかどうかは、みなさん次第です。なぜなら、自分の道はあなた達自身の手で作り上げていくものですから。一致団結して、すてきな1ページを作りましょう！小学校での関係は、あくまでも過去の関係。思い出として心の隅にしまっておき、小牧中学校の一員として新しい関係を作り上げ、素晴らしい中学生活にしよう！

< 担任自己紹介 >

氏名：久保　慎也　　生年月日：198?年　ルビーの月　18日

趣味：ドライブ　特技：スポーツ全般　好きなもの：野球！！！！

これから一年間よろしく！楽しい1年間を作り上げよう！

入学おめでとう！
自分を仲間を大切にし、
みんなでランクアップしていこう！

< 当面の予定 >

日	曜	1	2	3	4	給食	5	6
7	月	学テ理	学年集会	学活	通学団会	×		
8	火	身体測定		学テ国	学活	○	学活	
9	水	離任式	学テ数	ヒ・ミ・ツ		○	学活	
10	木	学級写真	学活	知能検査	学テ社	○	学活	委員会
11	金	サイクル1	2	3	4	○	5	委員会

― はじめの一言 ―

自分自身のことだけは何があっても裏切らないでほしい。自分を愛し、大事にして下さい。自分を愛せない人に、他人を愛することは決してできません。自分を愛しているからこそ、自分の好きな人達に優しくでき、愛される人になれるのです。大好きな自分の夢を汚さないで。大好きな自分の努力を踏みにじらないで。自分を愛し、誰からも愛される人間になってほしいです。

まいます。大事な情報も見落としてしまうかもしれません。必要最低限の情報を端的に載せておくとよいでしょう。また，全ての指示を載せず，持ち物などはメモをさせるようにすることも，自主性を育てる機会につながります。

　また，通信を教室整備の際に机の上に乗せておくことで，机上を華やかにすることにも繋がります。デザイン性も重視し，入学を盛大にお祝いする学級通信にしましょう。ファイルに挟み，ずっと保管する生徒もいます。担任の熱い思いをしっかりと込めてつくましょう。

（久保　慎也）

スタートダッシュが決まる

学級開き当日の鉄板トークネタ

① Cha-Cha-Cha（チャチャチャ）

話し始める前に

　小学校の6年間で，様々な経験をして入学してくる生徒たち。新たな環境に，期待ばかりでなく多くの不安を抱いてこの日を迎える生徒が多いはずです。そんな中，今までの自分をリセットして，中学生になったら気持ちを切り替えてがんばるぞ，という生徒の意欲を大切に，今という機会を Chance（チャンス），挑戦する気持ちで Challenge（チャレンジ），自分を変えていこう Change（チェンジ），という前向きな気持ちをもたせましょう。

鉄板トークネタ

　入学式前は大きな声で返事ができるように励まし，式後は大いにほめましょう。

> 　先月行われた小学校の卒業式。みなさんは一人ひとりがすばらしい返事で卒業証書を受け取り，立派に卒業してきたと聞いています。
> 　今日からは中学生です。立派な返事ができた小学生のときより，さらにすばらしい返事を体育館に響かせ，入学式という中学校生活の第一歩を踏み出しましょう。
> 　先生も，みなさんの第一歩を後押しできるよう，精一杯名前を呼ばせてもらいますね。
> 　（大きな声で呼名し，全員の返事が終わったら）中学校生活へのやる気が伝わってくる，すばらしい返事でした。先生は，これからの3年間がきっとすばらしいものになると確信しました。
> 　先生は，みなさんの小学校での様子は知りません。今までの自分をよい意味でリセットして，新たな自分にチャレンジしてほしいと思います。
> 　合言葉は，「チャ！　チャ！　チャ！」です。今，というタイミングで，新たな自分に挑戦し，新たな自分を発見し，成長していきましょう。

（田中友二郎）

話し始める前に

　学級開き当日は，「自己紹介，呼名，配付物の確認」などやるべきことがたくさんあります。それらの活動の中で，生徒や保護者は「担任はどんな人だろう？」と私たちの言動に注目しています。自分を知ってもらうチャンスです。あなたが「大切にしたいことや願っていること」を，生徒の目を見て，わかりやすい言葉で語りましょう。生徒たちに「この学級なら明日からもやっていけるかもしれない！」という気持ちをもたせるために，素直な思いを語るのです。

鉄板トークネタ

　生徒の目を見て，ゆっくり落ちついたトーンで話します。1文は短くしましょう。漠然としたことではなく，具体的なことをほめることからはじめます。

> 　改めて入学おめでとうごいます。入学式では話をされる人の方をきちんと見て，話を聞こうとする姿がとても立派でした。今も全員，顔が上がっています。とても嬉しいです。○組の担任をします，○○です。よろしくお願いします。
>
> 　今日の活動内容は「呼名，自己紹介，配付物の確認」です。呼名は「名を呼ぶ」と書きます。名前を呼ばれたら元気よく「はい！」と返事をしてその場に立ってください。全員返事ができたら，「以上，1年○組○名」と言うので全員で「はい！」と返事をして，大きな拍手をしましょう。○組全員で行う初めての共同作業です。成功するでしょうか？
>
> 　（成功後，だれよりも大きな拍手をしてから）すばらしいです。私は，この1年，今の活動のように，楽しいことも苦しいこともみんなと一緒に経験したいと思っています。そんな私が大切にしたいことは4つです。
>
> 　1つ目は，「自分がされて，うれしいことをしよう。自分が言われて，うれしいことを言おう」。2つ目は，「自分から動こう！　自分からさわやかな風を吹かせよう！」。3つ目は，「仲間の言ったことに反応しよう」。4つ目は，「仲間のすてきなところを見つけよう」です。○人分の○人という確率で○組に集まったみんな。この学級を解散する日に「この学級でよかった」と思える学級を，みんなでつくっていきましょう！

　ラミネートしたカードを黒板に貼りながら，具体例をあげて短く説明します。カードは，教室の目立つところに掲示し，様々な場面で話をするときに使います。

（久保美也子）

3 初日に保護者との信頼を築く

話し始める前に

入学式後，保護者も教室に入り，最初の学級活動を始めます。保護者に担任の考えを伝える数少ない機会です。この段階で保護者と信頼を築くことは，学級経営にとってとても重要です。担任の価値観が伝わる語りをしましょう。

そこで，入学式を無事に迎えられたことの価値を，交通ルールを守る大切さにからめて語ります。

当たり前のことを確実に語ることが，保護者の信頼につながります。

鉄板トークネタ

配付物や明日以降の連絡が終わった後に，生徒の行動に感謝を伝え，価値づけをします。

> みなさん。今日の入学式では，堂々とした入場，清々しいあいさつをしていて，私はとてもうれしい気持ちになりました。ありがとう。明日から君たちと過ごすのが楽しみです。君たちと，これから素敵な1年間を過ごしたいから，今日は最後に自転車通学の話をします。

一呼吸置いて，落ち着いたトーンでゆっくり語ります。

> この学校は自転車通学です。ヘルメットをかぶることがルールです。ルールを守るためにかぶるのではありません。命を守るためにかぶります。君たちが今ここにいるのは，今までお家の方が君たちのことを大事に育て，命を守ってきたからです。だから入学式はお祝いの式なのです。中学生になった今から，自分の命は自分で守ることになります。あなたの命は，お家の方にとっても，みんなにとっても，私にとっても大事な命です。ルールを守ることは，命を大事にすることです。私はルールを守られない行動を厳しく注意します。みんなの命が大事だからです。

（髙田　佳和）

必ずうまくいく
学級開きの
アイデア

「出会いの演出」
のアイデア

1 黒板に歓迎メッセージをつくる

　小学校を卒業した新1年生は，いろいろな思いを胸に中学校に入学してきます。期待とやる気に満ちた生徒，新たな仲間ができるかなど多くの不安を抱いている生徒，様々です。「中1ギャップ」。よく聞く言葉ですが，そうした不安や緊張を抱いている生徒の気持ちを少しでも和らげることが，新1年生との出会いでは大切です。

　例えば，初めて入る教室。その黒板に温かなメッセージや絵があるだけで，担任の先生に対して安心感を覚えるものです。どういった書体でどんなメッセージを書くかは，担任の腕の見せどころです。自分がどんな学級にしていきたいのかを自問し，新入生が安心でき心弾むようなメッセージにしましょう。そのときに注意してほしいのは，長い文章にしないこと。担任としていろいろな思いがあふれてしまって長くなるよりも，簡潔に思いを伝えましょう。

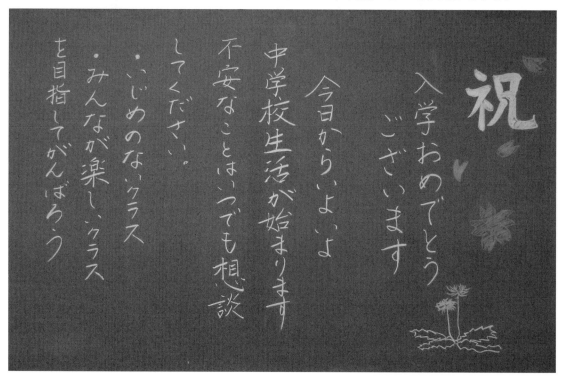

② カラーチョークや画用紙で装飾する

メッセージのまわりには，カラーチョークで絵を添えておくといいでしょう。イラストが苦手な人は，桜の花がよいと思います。やわらかくかわいらしい絵もよいですが，私は，中学校らしく少し大人っぽい絵を添えることで「中学生になったんだ」と思えるようにしています。

また，画用紙で桜の花をつくってメッセージのまわりを飾るのもよいと思います。その際は飾り方にもこだわって，生徒にすごいと思わせたいですね。

③ 担任のおもしろさをアピールする

人の第一印象は３秒で決まるそうです。身だしなみに気をつけるのは当たり前ですが，意外に忘れがちなのがユーモアです。短い時間の中でやらなくてはならないことが多く，ついユーモアを忘れてしまいます。私が中１のときの担任の先生は，入学式の日に緊張しているみんなに向かって「ト・イレにいっといれ」とギャグを飛ばしました。その印象は強

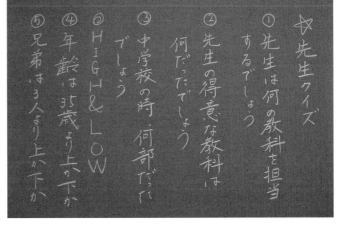

く，その後，叱られることがあっても，その先生を嫌いになることはありませんでした。ほんの些細なことですが，第一印象は大切です。

配るものについては前日に一人ひとりセットしておき，配付に要する時間を短縮しておきましょう。

その浮いた時間を使ってゲームをしたり，担任の自己紹介クイズをしたりと，少しでも生徒との出会いを大切にし，楽しい雰囲気でスタートできるよう心掛けてください。

（時田　学）

「自己紹介」
のアイデア

① 最初はアイスブレイクで話しやすい雰囲気をつくる

　中学校は近隣のいくつかの小学校から進学してくることが多いため，自己紹介の前にいくつかのアイスブレイクを入れておくと緊張もほぐれ，お互い話しやすくなります。

　アイスブレイクとしておすすめするのはじゃんけんを使ったものです。じゃんけんは特別に用意するものはなく，そのまま構成的グループエンカウンターにも使えるので便利です。またアレンジもきくのでクラスの実情にあわせて用いることができます。1年生なら一定の時間をひたすらたくさんの人とじゃんけんをして勝ち数を競うものから始めてもよいかと思います。慣れたら2人が1から5本の指を用いて，指の本数が合計7になったらハイタッチする「セブンイレブンじゃんけん」などをしてもよいでしょう。

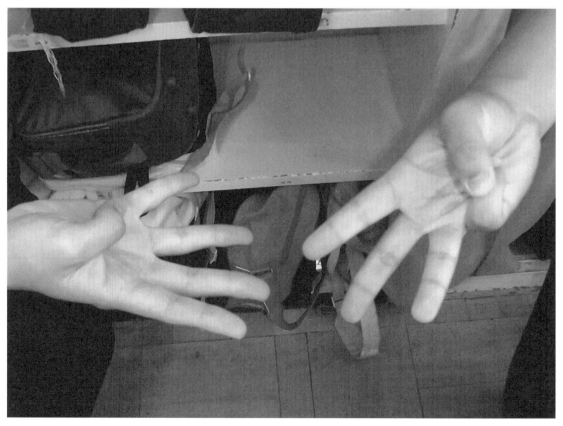

② 全員一斉の自己紹介はしない

自己紹介というと，全員が自分の名前や好きなものなどを言うことが一般的ですが，時間をかけた割には内容が薄く，生徒も途中で飽き，自己紹介の内容も覚えていません。もし全員に前で発表させるなら，朝や帰りの会で1日1人，1分間スピーチをさせる方法もありますが，緊張してうまく話せないかもしれません。

そこで先ほどのじゃんけんを用いて，勝った人から名前と入部したい部活などを言う方法を用いるとよいと思います。4人グループなら2ペアになって，負けた方が勝った方に1分間質問し，聞いた内容をグループのメンバーに伝える他己紹介という方法もあります。

③ 自己紹介カードを用いる

自己紹介カードは学年で統一のものがよく使われます。カードは学年の先生に相談し，パソコンで素早くつくってしまいましょう。入学早々の生徒たちは，お互いの顔がわからないので写真が載せられるとよいですが，中には写真が嫌いな生徒がいるので，注意が必要です。無理に撮る必要はありません。

カードは色ペン，色鉛筆できれいに装飾させます。書いた内容もチェックしておき，いい加減なものはつくらせないようにしましょう。最初が肝心です。掲示したカードには，行事ごとに書いた感想を貼るのもよいと思います。

（時田　学）

「学級目標づくり」
のアイデア

① KJ法を用いる

　入学して間もない1年生は，新しい学校生活へのやる気や，前向きな気持ちであふれています。そんな生徒たちの思いを詰め込んだ学級目標をつくりましょう。学級目標は，覚えやすさやインパクトの強さも大切ですが，生徒の思いに寄り添った目標にすることが大切です。

　まずは，個人で自分の「こんなクラスにしたい」や「クラスで絶対に守りたいこと」などを簡単なキーワードにして（例えば，「笑顔」「メリハリ」など）付箋1枚に1つずつキーワードを書かせます。

　個人の付箋が出そろったら，まず，4人組をつくり，それぞれがどんなキーワードを書いたかを発表しながら模造紙に貼っていきます。次に，同じようなキーワードをまとめてタイトルをつけていきます。グループで出た意見を最後は学級全体で共有しながら目標を決めます。

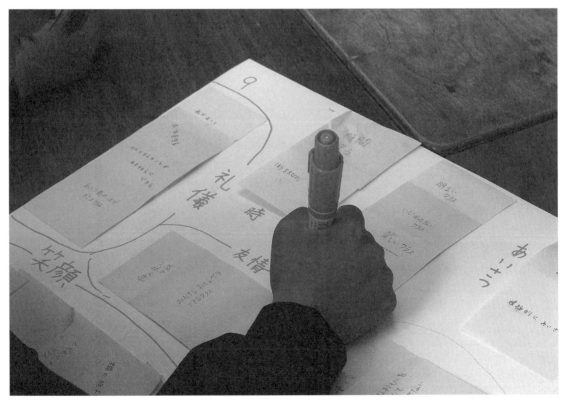

2 「あいうえお」作文で具体的な目標にする

学級目標を決めるとき，キーワードから連想するテーマ（例：「明るい」「温かい」→「太陽」）を目標とする方法の他に，具体的な行動目標や大切にしたいことの頭の文字をとって，

あいうえお作文にする方法もあります。そうすると，目指す姿が明確になるため，生徒にも伝わりやすい学級目標になります。

目標が決まったら掲示物にして目立つところに掲示し，普段から生徒に意識させましょう。また，行事前後には学級目標を使って取り組み方を振り返ることもできます。

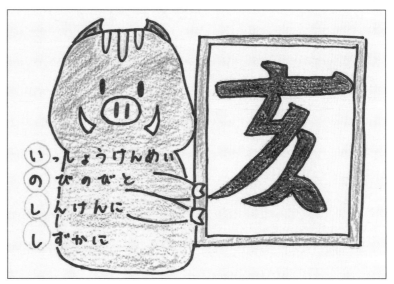

3 掲示物は学級全員でつくる

学級目標が決まったら，掲示物にして，教室の目立つところに掲げましょう。絵の得意な生徒や学級役員にお願いするのも1つの手ですが，せっかくみんなで考えた目標ですから，最後

まででみんなの手で完成させてみてはどうでしょうか。この学級は，目標である「つばさ」の羽根に一人ひとりが名前を書き，それを貼り合わせて掲示物をつくりました。全員が目標づくりに関わることで生徒の所属感を高めることができ，学級としての団結力も生まれるのではないでしょうか。

（松岡　美幸）

「学級通信」のアイデア

1 担任の思いを伝える

　入学式当日や，新年度が始まったばかりの時期は，連絡事項や，やらなければいけないことが多く，学級全体に向けて担任の思いをじっくり話すことは難しいかもしれません。学級通信は，学級でじっくり話すことができない担任の思いを伝える手段として非常に有効です。

　教師が「この学級の生徒たちは，どんな子たちなんだろう」と注意深く観察するように，入学したばかりの中学1年生も「担任の先生はどんな先生なんだろう」と期待と不安をもって様子を見ています。そこで，学級通信にもユーモアを交えた自己紹介や，教師が考える目指したい姿，学級への思いなどを丁寧に書きましょう。教師の率直な思いを伝えることで，お互いに理解し合い，信頼関係を築いていきましょう。

　ただし，自分のことだけを語りすぎたり，ぶっちゃけ話になったりするのは禁物です。

H29.4.11　学級通信 NO 1

　初めまして！1年3組の皆さん♪『夢』追い人の藤永啓吾です。
　さて、突然ですが、1年3組はどんな学級になると予想しますか？ズバリ！『互いに助け合える学級』になるのではないかと予想します。漢字一文字で表すと『和』です。私はこの漢字が大好きです。その理由は、私自身が『和』をとても苦手としていますが、『和』のような人になりたいなと、いつも心に留めているからです。
　人は自分に足りないものを求める習性があります。素直な心になりたい！勇気をもちたい！努力が続けられるようになりたい！等々です。学級通信を読んでいるあなたに足りないものは何ですか？求めているものは何ですか？
　私に足りないもの、求めているものは「人間関係力」です。他者を大切にしながら、自分も大切にしていく力・他者の心の内を感じとり、より良い人間関係を築いていく力です。その力をもつ漢字が『和』だと思っています。和みのある人には人が集まり、和を大切にしている人には温かさを感じます。そんな人が身近にいませんか？私にはいますよ♪その人にたくさんのことを学びながら『和』になる方法を勉強しています。
　さあ！！今年1年を、涙あり感動ありの最高の1年にするために、一人ひとりが大切な30名の集団で支え合い、励まし合いながら走っていきましょう！！
　私が伝え続けたい言葉

和　～がんばる時は　いつも「今」～

　この言葉を現実のものとするために、3組は学年の『和み』となりましょう！！

❷ よいところ見つけ

入学式を終えたばかりの１年生は，新しい学校生活をがんばろうという前向きな気持ちにあふれています。時間に余裕をもって行動できたり，大きな声であいさつができたりと，生徒ががんばっている姿が見られたときには，どんな些細なことでも認めてほめることが大切です。

それを生徒にも伝えることで，さらにがんばろうという気持ちや，これからも続けていこうという気持ちが生まれます。また，保護者にも，「先生はこんなところも見ていてくれている」と安心感を与えることにもなるでしょう。

彼等の背中から何を感じますか？

本日、理科室で３組の生徒を待っていたら、３名の男子が先に入ってきました。彼等は何をしたのでしょうか！！

そうです！全員の椅子を机から下ろし、みんなのために学習環境を準備してくれたのです。感動しました。似たようなことは昨日の給食時間にもありました。４校時に体育があり、終わってから着替えるまで、時間を気にしながら間に合わそうと頑張ったのですが、女子は更衣室が学級から離れていることもあり、少し遅れました。しか

し、それを察して、男子の給食当番が、自分のを運び、その後、女子が担当するものも運んでくれたのです。その様子に気付いた女子からは「ありがとう」の言葉が聞こえてきました。感動・幸せに感謝します。まさに、『またやろう』を見せてくれる場面ですね。

❸ 学校生活の見通しをもつ

入学したばかりの１年生は，慣れない環境に加え，年度当初の行事もたくさんあり，不安やストレスを感じる生徒も少なくはありません。

そこで，週の行事予定や，必要なものなどを学級通信に載せて伝えましょう。特に年度当初は予定や持ち物が多いため，小まめに情報を伝えるとよいです。事前に大まかな予定を知ることで，生徒も保護者も見通しをもち，気持ちを整えて生活ができると思います。

（松岡　美幸）

「仲間づくり・集団づくり」のアイデア

1 校外学習「お花見」でリラックスムードをつくる

　同じ教室で1日中担任と過ごしていた小学生が，中学校に入学しくからは，制服を着て，教科ごとに担当が変わる教科担任制の授業を受けます。この新しい生活に慣れるまでには，時間がかかります。生徒の緊張をほぐし，中学校が楽しいところだと思わせたいものです。

　4月は学級委員や係決めなど，学級組織づくりに忙しい日々が続きますが，思いきって学級で校外へ出かけてみてはどうでしょう。歩いてすぐ行ける公園，広場などがあれば最適です。入学してすぐにそんなことをさせていいのかと抵抗感がある方，その1時間で学級の雰囲気が和み，「中学校が楽しい」と感じられる生徒が1人でも増えたら素敵だと思いませんか。地域によっては，お花見もまだ間に合う時期です。お花見を楽しみながら，学級の仲間と過ごすだけで，教室での活動では得られない開放感とリラックスムードをつくることができます。

❷ 校外学習でオリジナル写真コンテストをする

　緊張が和らいだところで，オリジナル写真コンテストを行います。グループで集まって写真撮影を行い，その写真を後日教室に掲示して作品展を楽しみます。右下の写真は手をつないで思いきりジャンプしている瞬間をとらえたものです。他にもみんなで面白い顔をしてみたり，ポーズを決めてみたり，様々な作品が出ました。印象的だったのは，生徒の笑顔です。この笑顔を引き出すことが何より大切です。

　校外学習の翌日，休み時間には掲示された写真作品を楽しげに見る生徒の笑顔が教室にはあ

ふれていました。楽しい思い出とともにクラスの雰囲気が温かくなりました。

　ただ，ここで気をつけてほしいことは，写真に写ることが苦手な生徒もいるということです。担任として適切な声かけが必要です。くれぐれも無理強いはしないようにしましょう。

❸ 校外学習でフリータイムを設ける

　時間があれば自由時間を設けてみましょう。この自由時間に声をかけあって，鬼ごっこなどをして活発に遊ぶ生徒もいます。のんびりとベンチに座り，おしゃべりしている生徒もいます。

短い時間ですが，生徒がそれぞれ自由にリラックスできる時間です。

　また，担任として生徒の様子をよく見て，生徒の性格や人間関係をつかむ絶好の機会でもあります。

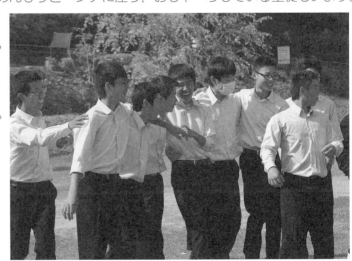

　控えめな性格で友達に声をかけられない生徒はいないか，1人でさみしそうにしている生徒はいないか観察し，担任としてのアプローチをすることです。

❹ 猛獣狩りゲームをする

　体を動かし，大きな声を出し，多くの人とコミュニケーションをとることができる。それが「猛獣狩りゲーム」です。担任が猛獣狩りマスターをつとめ，マスターの発する声や動きを真似して，全員が同じ動きをします。そして，マスターが「ライオン」と声をあげたら，動物の名前の文字数の人数で集まります。この場合４人で集まり，時間内に４人で集まれなかった人は，マスターからインタビューを受けるというものです。マスターが変わった動きをしたり声のトーンを変えたりすることで，大いに盛り上がり，楽しい一時を過ごすことができます。

　また，集まり方を男女混合にしたり，同じ誕生月にしたり，約束を加えることで，もともと仲が良い友達同士だけでなく，多くの友達と関わることができるようになります。

　担任が仮装などをして，猛獣狩りマスターになりきると，さらに盛り上がりが増します。教師も生徒と一緒になって楽しんでみることです。

❺ 掲示物コンテストをする

　係活動の掲示物は，係ごとにそれぞれ工夫をこらしたものにすることを指示し，オリジナルの掲示物をつくらせます。できあがった掲示物は黒板や学年の掲示板に展示して「掲示物コンテスト」を行います。もし，可能なら学級をこえて学年の掲示物コンテストにしてみてはどうでしょう。

　子どもたちのやる気も俄然違ってきます。学年全体で係活動をがんばろうという士気を高めることも期待できます。

（三品　慶祐）

生徒指導コラム

「中学生らしい」中学生に

中学校に入学したら中学生？

　4月，生徒たちが「中学校に入学したから，今日からは中学生なんだ」という思いをもつのは当然のことでしょう。しかし，そこに生徒にも教師にも大きな勘違いがあります。それは，単に中学校に入学しただけに過ぎず，真に中学生になったとは言えないということです。

　中学校入学当初から1学期間をかけて，「中学生とはどういうものなのかを理解させる」ことや「中学生らしさとはどんなことかを考えさせる」ことに，じっくりと取り組む必要があります。この間に，そうしたことが徹底できるかどうかで，真の中学生にさせられるかが決まったり，3年間の中学校生活の成否が決まったりしてしまうと言っても決して過言ではありません。何でもそうですが，最初が肝心です。

　これは学級経営であり，教科指導でもあり，当然のことながら生徒指導の第一歩です。この時期の生徒たちは，あたかもスポンジのようにいろいろなことを吸収することができます。ぜひやっておきましょう。

中学生らしさとは？

　よく「中学生らしく」あれとか，「中学生らしさ」という言葉を耳にします。では，「中学生らしく」や「中学生らしさ」とは，具体的にどういったことを言うのでしょうか。

　愛知県小牧市のある中学校で，元校長が言ったわかりやすい言葉があります。ここで，いくつか紹介したいと思います。

■中学生らしい生活（基本的な生活習慣と規律ある生活）

・遅刻や忘れ物をしない。
・勉強の時間を毎日確保できる。
・服装などを時・場・機会に応じて選択できる。
・テレビ番組を選択できる。
・生活に美しいものを取り入れようとする。
・音楽等を生活に取り入れる。

■中学生らしい行動（目標を持ち，追究し，責任を持つ）

・１時間半程度は，我慢して話が聞ける。

・何か１つのことに熱中できる。

・やっていいことと，悪いことの判断ができる。

・（日記などをつけて）反省することができる。

・自分の生き方について考えるようになる。

・自分の将来について他人に語ることができる。

・趣味娯楽に節度をもつ。

■中学生らしい資質（向上心，人間性）

・素直に一途になれる。

・よいと思ったことが実行できる。

・技術，記録の向上を喜ぶ。

・読書の習慣が身につく。

・精神的価値に心を向けることができる。

・「幸せ」は「心」の問題であることがわかる。

　上記以外にも，「中学生らしい社会性（礼儀，関心）」，「好ましい学校生活（集団の中での役割，責任）」，「好ましい友人関係（対人関係，思いやり）」など，様々なものがあります。

理想を語り，求め続ける大切さ

　上記にある「中学生らしさ」すべてのことを，すべての生徒に求めることは実に難しいと思います。しかし，教師がこれらのことを踏まえて，**生徒に，いつ，どこで，どのように語り，あるべき「中学生らしい」姿を求め続けることが何にもまして大切であると思います。**

　また，これと同時に，中学生ともなると教科等の学習内容が難しくなったり，学校行事や生徒会行事での自治的活動が増えたり，部活動がより活発になったり，生徒同士の人間関係がこれまで以上に複雑になったりと，生徒たちにとっては乗り越え，克服しなければならない課題が山のようにあります。

　中でも，学習に関しては，学校生活の大多数の時間を占めるものですから，大事にしたいことですし，学習ができないことによる生徒の荒れにもつながります。一人ひとりの生徒と真剣に向き合い，ケアしたいことです。学習に真剣に向き合える生徒は，決して真に荒れたりはしません。

　こうした指導を１年生の早い時期に行い，粘り強く継続したいものです。

（石川　学）

年度はじめの 環境・ システムづくり

「教室環境」
づくり

1 学級目標の掲示物にはみんなの手を加える

　学級目標は「こんな学級にしたい」というみんなの願いを端的に表したもので，その願いを掲示物で見える化することは，大きな価値があります。行事などのポイントはもちろん，日々の生活の中でも目標を意識させることができます。

　また，その周囲には学級目標を踏まえた個人の願いや具体的な目標を書かせ，あわせて１つの掲示物として掲示します。年度のはじめの学級目標を決めた後に，なるべく早い時期に時間を捻出して，意識が高いうちに作成したいものです。なぜなら，みんなでつくるという活動を通して，親睦の深まりが期待できるからです。また，一人ひとりの名前が入った掲示物にすることで，愛着がわくとともに，学級への所属感の高まりも期待できます。

　掲示場所は教室背面の中央がおすすめです。目立つ位置だということと，前に立ち，語るリーダーの視界に入ることなどがその理由です。

2 前面の掲示はシンプルにする

1で紹介したような学級目標の掲示物を，教室前面の中央に掲示しているのを見かけることがあります。最も目立つ場所であり，よいという考え方もあるかもしれません。

しかし，学級目標の掲示物は華やかなデザインであったり，一人ひとりの書いた文字情報が所狭しと書かれていたりして，授業の集中に対する妨げになる恐れがあります。特に発達障害のある生徒はその傾向が顕著であると言われます。

教室前面の掲示は，給食の献立や日課表などの決まりきった形のものだけにし，生徒の気持ちを落ちつかせ，最大限授業に集中できるようにしたいものです。

3 机の配置を整えるための目印を

机の配置が等間隔で，縦と横が整っていることは，教室に落ちつきを与えます。担任がその意義を伝え，気にかけて整える指示をすれば，生徒は整えようとします。ただし，教室全体のバランスを見て座席を整えることは意外に難しいため，基準を設けましょう。

その基準として，教室の壁面と床との境目付近に選挙ポスター用のシール（ワッポン）を貼るのはどうでしょうか。これならば年度はじめに一度貼っておけばよく，最後は剥がしてしまえば，汚れることもありません。

壁に近い生徒がこのワッポンを基準に机の脚をそろえ，それにあわせて，床の板目などを見て，順番にそろえていくのです。細かな指示を出す必要もなく，生徒が確かな基準をもつため，整った机の配置を維持することが容易となります。 　　　　　（芝田　俊彦）

「給食」
のシステムづくり

❶ 時間を意識して着席させる

　中学校に入学して，給食が楽しみな生徒がいる一方，不安を抱えている生徒も少なからずいることでしょう。給食が苦手であったり，食べるのに時間がかかったりするからです。そんな生徒のためにも，準備時間はなるべく短くして，食べる時間を長く確保したいものです。

　給食当番の活動を定着させることも大切ですが，その他大勢の生徒にも協力する姿勢をもたせたいものです。そこで，班ごとで着席状況を確認させるアイデアを考えましょう。たとえば右写真のような掲示物を作成し，班全員が時間までに着席できたらシールを貼るなどの仕掛けでも意外と盛り上がります。準備が早かったときには，給食当番はもちろん，みんなの着席状況も認め，学級全体をほめることで翌日の士気も高まります。

❷ おかわりは担任のもとで公平に行う

　アレルギーや体調不良などで配膳された分量が食べられない生徒の給食を減らしたり，おかわりをしたい生徒の給食を増やしたりすることがあります。均等に配膳をして，一人ひとりが配膳された分を完食するのが基本ですが，体格などの違いもあるため，柔軟に対応する必要があります。

　担任は配膳台のそばで，減らす生徒，増やす生徒の順に対応します。一人ひとりに声をかけ，要望を聞きながら減らしていきます。苦手なものがあることは認めながらも，食に感謝して，なるべく配膳された分は食べようとする姿勢はもたせたいものです。

　おかわりは均等に分けたり，じゃんけんで増やす生徒を決めたりするなど，公平にすることが基本です。ただし，生徒の顔ぶれをみて，レディー優先など臨機応変に対応することもよいと思います。

❸ 片付け方を見える化して，生徒自身にチェックさせる

　準備，配膳の後に片付けまでできて一人前であるという価値観を伝えたいものです。片付け方を早いうちに定着させるネタです。給食ワゴンに食缶を片付けた状態の写真を教室に掲示しておきます。そして，片付けをした際に，写真と同じ状態になっているかどうかを確認させます。誰でも目で見てわかるため，非常に効率よく片付けることができます。

　また，あわせて給食のタイムテーブルや，ゴミの分別方法も掲示しておくとよいでしょう。配膳や会食，片付けの時間や分別方法を自分たちで確認しながら活動することができるようになります。　　（芝田　俊彦）

「日直」
のシステムづくり

1 日直の活動内容を1枚のカードにする

　日直の活動内容は，年度はじめに担任から説明をします。一般的に，窓を開けたり，黒板をきれいにしたり，日直日誌を記入したりするなど，様々な活動があります。特に1年生であれば，がんばろうという意思があっても，全てを覚えるまでには時間がかかります。

　そこで，活動内容を1枚の用紙にまとめ，ラミネートして紐を通し，「日直カード」として生徒の机にかけさせるアイデアです。どんな活動をしなければいけないか，カードを見れば一目瞭然である上に，大きなカードが机の横にかかっているため，自分が日直であるということを自覚させてくれます。

　また，次に日直をする生徒の机の横にカードをかけることで，日直の活動をやり遂げたことになります。

私が、今日の日直です！
〜学級のために、当たり前のことを一流に〜

放課に行うこと
- 黒板を放課中にきれいにする。
  （どんな黒板だとよりよい授業ができる？）
- 窓を開け、空気を入れかえる。

帰りに行うこと
- 電気、パソコンの電源を確認する。
- カーテンをきれいに結ぶ。
- 掲示物、ロッカー、床…などの教室環境を整える。
- 机いすを美しく整頓する。
- 窓をしめる。
- ブラックボードをきれいにする。
- 次の日直に伝えて、引き継ぐ。
  （このカードを渡す。黒板に名前を貼る。）

その他
- 今日のスピーチを行う。

❷ 日直日誌を記入する

　日直に，１日の記録として日直日誌を書かせるというアイデアです。内容はその日の授業のタイトルや翌日の連絡，活動ができたかどうかなど，１日の振り返りです。

　中学校は教科担任制であるため，担任も他教科の様子は気にかけていないとわかりません。全てを把握することは無理にせよ，トラブルが起こったことも知らないようでは，担任として情けないと言わざるをえません。

　そこで，各教科での様子がどうだったのかを◎，○，△，×などの簡単な記号で記入させます。１日の振り返りと照らし合わせることで，トラブルに気づいたり，ほめられたことを知ったりすることができます。気楽な気持ちで，生徒とのコミュニケーションの一環として活用してみてはどうでしょうか。

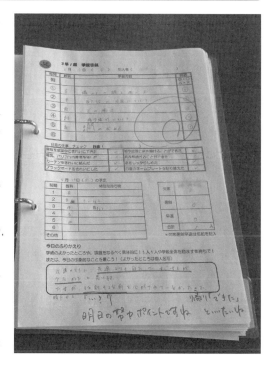

❸ 日直は背面黒板に表示する

　日直自身は前述した日直カードを机の横にかけておくことで，自分が日直であることを思い出すことができます。それだけでも十分なのですが，学級全員が確認できるように，背面黒板に表示しておくと何かと便利です。

　あわせて，欠席，遅刻（予定），保健室，早退という欄もつくっておくことで，誰がいないのかを把握することもできます。名前のマグネットなどを準備しておけば気軽にでき，それほどスペースもとりません。

　前面黒板に日直を表示している学級を見かけることがありますが，授業で活用する黒板を少しでもすっきりさせるためには，あまり得策ではないと考えます。

（芝田　俊彦）

「掃除」
のシステムづくり

　掃除で必要な手順を全員で確認します。単純なことですが，机をどちら側に寄せるのか，ほうきをどちらから掃くのかなどを共有させましょう。また，全体の効率を考えるために，どのような順で取り組むのかを示します。

　こういうときこそ ICT の出番です。動画で教室掃除の流れを見せることで，掃除中に自分の役割しかせず，「ただ待っている」だけの生徒が激減します。全体を意識することで，今すべきことがわかるからです。

　つくるのに手間はかかりますが，学年みんなで同じ指導をしたり，あやふやになってきたときに見返したりするなど，何度も使えるので便利です。そして，これをつくることで，1つ1つの役割が効率よく動いているかを教師自身が考えることにもつながります。大人が効率のよい方法を考えた上で，発達段階に応じて生徒に少しずつ「自分で考えて掃除をする」ことを指導していきたいものです。

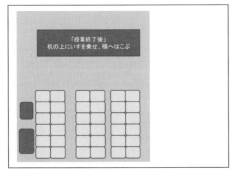

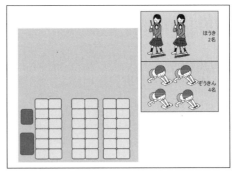

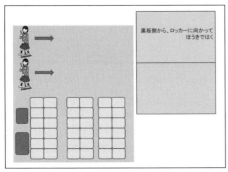

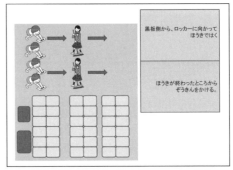

❷ 細かな役割を決める

　先述したとおり，成長にしたがって，自分で役割を考えて掃除ができるようになるのが望ましいことです。しかし，何をすればよいのかがはっきりしていた方が，すぐに活動に取りかかることができるのも事実であり，学年が低いほどその傾向は顕著です。

　「教室」「廊下」などの場所だけではなく，「ほうき」「床雑巾」などの役割を割り振るだけで，ずいぶんと無駄な時間が削減されます。また，責任の所在がはっきりとしているため，指導がしやすくなったり，黙々と取り組む生徒が増えたりします。

　たとえば右のような表をつくり，左側から順に場所と役割と生徒の名前を入力して明示するとよいでしょう。

⑦6月26日〜	1年7組　掃除当番表	
終了後に担当の先生に点検をしていただくやり直しがなければあいさつをして解散		
担当 芝田先生	教室（机運び・全員） ほうき	
	からぶき＋水拭き	
	消しゴム床＋ちりとり	
	黒板	
	窓ふき	
	机イスふき（ロッカー上）	
担当 早川先生	地域ホール・地域階段 コロコロ（→水拭き）	
	掃除機	
	椅子水拭き	
	窓ふき	
	地域階段ほうき	
	地域階段水拭き	
	地域開放玄関 ほうき（土足部分）	
	窓ふき	
	靴箱水拭き	
	靴箱水拭き	
担当 海住先生	国際教室 机椅子	…を基本にしてかいじゅう先生の指示に従う
	ロッカー	
	黒板	
	コロコロ床	
	窓ふき	
担当 石田先生	（国際〜）教室前廊下 モップがけほうき	…を基本にしていしだ先生の指示に従う

❸ 不十分な場合はやり直させる

　細かな役割まで決めて，指示を出したにもかかわらず，その指示通りにできていなかったり，きれいになっていなかったりする場合は「また明日やろう」などと手を緩めてはいけません。生徒はできていなくてもよいという勝手な解釈をし，次第に手を抜くようになります。

　また「やりました」などと主張する生徒もいるかもしれませんが，あくまで掃除の目的はきれいにすることなので，きれいになっていなければ，はっきりとできていないポイントを示して，やり直しをさせましょう。早くできた生徒が自主的に手伝うことは認めてもよいですが，あくまで責任は担当者に求めましょう。

（芝田　俊彦）

「座席・席替え」
のシステムづくり

❶ 座席は意図的に決める

　どんな座席にしても，学級の誰とでも対話的な学びが生まれる…というのが理想です。そんなすばらしい学級ができたら，座席をくじ引きで決めても何の問題もありません。しかし，実際には，対話的な学びが生まれるためには様々な工夫が必要であり，その幾分かは座席配置によって達成されると考えられます。特に１年生であれば，思い切って担任が決めてしまうのはどうでしょうか。班活動はうまくいきそうか，不登校傾向のある生徒や多くの支援が必要な生徒の配置はどうか，視力の問題はないか，似たパターンばかりではないか…などの様々な意図をもち，じっくりと時間をかけて決め，生徒に伝えます。その際に「安心してね。みんな教室の中に座席はあるから」などとくすぐりを入れながら，「この席は嫌だ」などの心ない言葉が出ないようにしたり，周りへ感謝をしたりすることを伝えるのです。

❷ コの字型＆4人グループ型を活用して対話を生み出す

　対話的な学びを行うためには，級友が自分の話を聞いてくれるという安心感が必要です。そのため，生徒の座席配置の基本は「コの字型」が優れているといえます。この配置にすることで，生徒がお互いに顔を見合わせながら発言をすることができるため，教室全体で意見を共有する際に対話が生まれやすくなります。

　また，机の向きを変えて4人グループ型にすることができます。これを活動の目的にあわせて使い分けることが大切です。教師が意図をもって使い分けることで，生徒も隊形のよさを感じるものです。「先生，話し合いたいので4人にしていいですか？」などという発言が出れば，浸透してきた証拠と言えるでしょう。

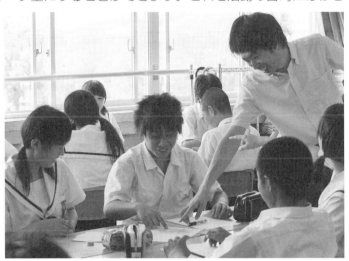

　また，4人グループの際には，男女が市松模様になるように組み，この4人の活動が円滑に進むような座席を組むことが大切です。

❸ 時には一斉授業型で緊張感をもたせる

　学級内に対話が生まれやすい雰囲気をつくるためには，基本はコの字型にしておきたいものですが，時には全員が前を向く一斉授業型にし，緊張感を高めるのも効果的です。

　特に1年生の学級開きなどには一斉授業型がおすすめです。誰の隣か，前から何番目かがわかりやすいことや，落ち着いて担任の話を聞いたり，黒板のメッセージを読んだりしやすいことなどがその理由です。いずれにせよ，教師が意図をもって，座席や隊形の指示をすることが大切です。

（芝田　俊彦）

「朝・帰りの会」
のシステムづくり

1 担任からの話で1日の活力を与える

　朝の会は担任の話でしめくくるのが一般的です。司会の生徒に「先生の話です。先生お願いします」とふらせておきながら，毎日連絡事項ばかりでは悲しいものがあります。やはり，ささやかながら，生徒の活力になるような，気持ちを前向きにさせる話をしたいものです。

　ただし，長話は禁物です。短く，わかりやすい話がよいでしょう。その話の中に，具体的な数値や固有名詞を登場させるなど，インパクトを持たせるような手法は様々あり，工夫のしどころです。いずれにせよ，話のネタ集めは学校内にとどめることなく，時事ネタを入れるなど，広い視野をもちたいものです。生徒の前に立つ前に，その日のニュースを1つ仕入れておくだけで話の新鮮味は増し，生徒の顔はぐっと上がります。

　また，堅い話ばかりではなく，時にはユーモアを入れたいところです。ユーモアはみんなを笑顔にし，学級を温かい空気で包んでくれます。話をよく聞いていないと生徒は笑えません。そのため，笑うチャンスを逃してはならないと思うのか，生徒もよく話を聞くようになります。

② しっかりしたシナリオを準備する

司会の生徒が不安なく進行するために，年度の
はじめにシナリオを準備しておくとよいでしょう。
次第に慣れ，覚えるものですが，たとえば日誌を
つけさせるのであれば，そこに綴じておくなど，
いつも見えるようにしておくと生徒にとっては心
強いです。

短い時間で，伝えるべきことがたくさんある日
も珍しくありません。時間との勝負になることも
あるので，シナリオがスムーズに流せるように，
日頃から鍛えておく必要があります。

シナリオの項目はある程度，学級の特色を出す
ことができます。短い時間の中にも担任の願いを
込めたいものです。いずれにせよ，シナリオをは
っきり決め，見える化しておくことで，たとえ担
任が出張などで不在のときでも，自分たちだけで
進行できるようにしておくことが大切です。

③ 会の最中は全員の机上をチェック

会の途中，生徒が連絡をしているときは，連絡している生徒以外に特に目を配り，必要に応
じて指導したいものです。連絡を記録するものを持ってきているか，机の上に出しているか，
メモをとっているかなどの基本的なことを確認するためです。

時には他のことをしようという生徒も
現れるかもしれませんが，それを見逃し
てはいけません。

また，忘れ物の多い生徒のいくらかは
記録をしっかりとっていないことが原因
と考えられます。抜き打ちで，隣同士の
生徒でしっかりと大事なポイントを記録
しているかどうか，チェックさせてみる
のもよいでしょう。1年生のうちに当た
り前のことを定着させたいものです。

④ 余った時間でミニゲームをする

　朝・帰りの会は短時間です。しかし，生徒を鍛えれば，荷物の片付けをてきぱきと行ったり，会をスムーズに進行したりできるようになります。すると何分か時間が余ることがあります。ただゆっくりと過ごすのもよいですが，生徒が元気なときにはミニゲームを実施してみてはどうでしょうか。

　短時間で，わかりやすく，みんなが楽しめるようなものがよいでしょう。たとえば，黒板を使った「絵しりとり」や「マッチ棒クイズ」，「折り紙でタワーをつくる」などはどうでしょうか。全員が気軽に参加できるものにすることで，人間関係づくりにも大いに役に立ちます。

　正解にこだわらず，自分の考えを表現したり，級友の声に耳を傾けたりすることは対話的な学びへの大きな一歩です。ミニゲームをすることで和やかな雰囲気ができます。

⑤ だまし絵で見方を鍛える

　4と同様，時間に余裕があるときのネタです。たとえば，見方によって馬にもカエルにも見えるというような，いわゆる「だまし絵」をクラスに見せます。すると人によって見方が異なることが実感でき，そこに対話が生まれます。

　「どういうこと？」「へぇーすごい」「そうやって見るのか」など，授業でもききたいような

つぶやきが自然に生まれます。素直に驚くことや，様々な見方をすること，それを表現することは，授業づくりの素地にもなります。異なる見方を見つけた生徒は嬉しそうに自分の見方を級友に伝えようとします。また，全教科の学習指導要領に謳われている「見方・考え方」についての説話につなげるのもよいでしょう。

（芝田　俊彦）

ルールは最低限！？

　多くの中学校では，複数の小学校から生徒が入学してきます。彼らが互いに関係をつくっていく過程で感じるのは，小学校で行ってきたことを中学校でも行おうとするということです。決して悪いことではないのですが，小学校で何も疑いなくしてきたことを踏襲するだけでは，生徒が変わっていきません。変わらないとつまらない…だからそのエネルギーをつまらないことに使い，生徒指導が発生するのではないでしょうか。入学したばかりの１学期は，新しい価値観を生徒に示すチャンスなのです。先輩方や自分の経験から得た価値観を，いくつか紹介します。

ルールは最低限！

　入学してすぐに，給食や清掃，係活動といった，普段の生活が回り始めます。そこで話し合わせたのが，「ルールを多く決めるか，最低限にするか」でした。

　それぞれにどんなメリットがあり，どんな点に注意する必要があるかを伝えて話し合わせました。その話し合いの中で，ルールには罰があり，ルールだらけで縛られることは，息苦しいという結論に達しました。ルールは最低限にして，その分を一人ひとりのマナーや気配りによってカバーしていくことになりました。もちろん，できないのであれば，ルールをつくるということも押さえました。

　例えば給食当番は決めるけれど，担当は決めません。マスクや給食ナプキンを忘れたらおかわり禁止というルールもありません。清掃分担も，掃除場所は決めますが，ほうきやぞうきん，黒板などは，ぐるっと周りを見渡して必要なことをやります。はじめは楽なことや手軽なことに目が向くので，１学期はそこに指導を入れます。「楽なことをするためにルールを最低限にしたんじゃない」ということを何度も伝えます。そうすると生徒は，何をするにしても声をかけ合ってやるようになり，互いに補うことを身につけていきます。

時間は守るのではなく，「生み出す」

　時間を守る状態から一歩抜け出して時間を生み出す感覚をもつと，何か物事に取り組もうとしたときに，取りかかりが早くなり，勢いがつきます。例えばテスト週間中は，朝読書の時間

がテスト勉強の時間になります。普段の朝読書が，設定された時間よりも１分早く始められると，テスト週間中はその１分が勉強の時間にあてられます。その積み重ねが，大きな力となっていきます。

　これが定着すると，行事に向かうときに時間を生み出そうと移動や準備を早くしたりするので，自分たちで行事をつくっていく感覚を味わうことができ，楽しくなっていきます。

ピンチをチャンスに！

　家庭学習の提出をチェックする係の生徒が欠席した日，課題がそのままになっていました。誰もそのことに気づかず，昼になってもそのままでした。給食後に問いかけると，実は気づいていた人もいて，どうしようかと思っていたとのことでした。当然，指導です。

　指導のポイントは２つあります。１つは，失敗してもいいから動くこと。余計なことをしてはいけないとブレーキをかけた生徒に，動かなかったことそのものが問題であると伝えます。気づかなかった人はそれ以前の問題です。そしてもう１つは，叱られたことをどうとらえるかということです。指導されると生徒は萎縮します。でも変わるチャンスでもあります。「よし，次からは迷わず動こう」と思えると，失敗が生きる。チャレンジするとは失敗することとセットです。失敗すること（＝ピンチ）は，変わるチャンスだということをわかっていると，失敗を恐れない雰囲気が生まれ，みんなが動こうとします。

行事は普段の生活の延長

　２学期には，体育大会や文化祭といった大きな行事があり，学校生活にとっても大きな意味があります。しかし，１年生にはその経験がないので，行事のことを話してもピンときません。だからこそ，今やっていることが２学期にどうつながっていくのかを，１学期に伝えていく必要があります。

　あるとき，清掃がない日にリーダーの１人が「空いている時間で掃除しようよ」と提案しました。みんながそれに応え，昼休みの時間に全員で教室掃除が始まりました。こういった普段の姿は，行事のときに「前に立つリーダーと支える仲間たち」の良好な関係を生むと伝えました。前に立つ人はみんなのプラスになることを考え，周りの仲間は応える態勢をつくります。場面が変われば，逆の立場になることもあります。

　１学期にどんな価値づけをしておくかで，２学期以降の生徒指導の大変さが変わってきます。

（桑山　正吾）

新1年生あるある

小学校との違いへの戸惑い

　転任した中学校で，初めて1年生を担任することになりました。新しい環境で勝手がわからない同士，一緒に成長していこうと気持ちを引きしめます。

　小学校での勤務経験がある方はおわかりかと思いますが，**同じ義務教育でも小学校と中学校では様々な違いがあります。**制服着用，教科担任制，部活動，個別登校等々。少し前まで小学生だった生徒たちは，1日の生活パターンをつかむのもたいへんでしょう。

　また，**あまり目につかないところにも様々な違いがあります。**

　入学して初めての週末，靴箱でちょっとした混乱が起きていました。1年生が，上靴を持って帰るのかどうかわからず，帰れずにいたのです。市内の小学校では，週末に上靴を持ち帰り，家で洗って月曜日に持ってくることになっています。2，3年生は慣れたもので，ほとんどの生徒は学期末にしか上履きを持ち帰りません。教室を出るときに，

　「上靴は，休日前でも学校に置いたままでいいですよ」

　と，担任が一言話さなければいけませんでした。どうしたらいいか訊くために教室に戻ってきた生徒たちの困り顔を見て，反省しきりの私でした。

　給食の初日，蓋を開けた途端，その量の多さに給食当番がビックリします。

　「こんなにたくさん，食べきれないよ！」

　素直な感想です。成人よりも必要摂取カロリーが多い年頃ですから，量も多くなります。

　「大丈夫。みんなは成長期で，食べる量はどんどん増えるの。部活動を本格的に始めたら，朝練習のある日はお腹ペコペコだよ。そのうちおかわり合戦になるから」

　食事量は個人差が大きいので，大盛りコース小盛りコースをつくる，食べきれないと思ったら口をつける前に自分で減らす，などで対処していました。給食が原因で学校へ行くのがいやになるのは，小学校低学年ではありがちですが，入学したての1年生でも気をつけたいと思います。

係は適材適所で

教科連絡は，慣れるまではミスが起こりやすい仕事です。ほぼ全教科を担任が教える小学校

では，持ち物や次の予定がわからないことなどありません。けれども，９教科９人の教師と関わる中学校では，係の生徒がそれぞれ連絡事項を確認して学級全員に伝えなければなりません。うっかり屋さんの生徒が教科連絡係になると困ったことが起こるわけです。

　帰りの短学活の教科連絡で，「明日の数学はいつも通りです」と連絡係が言ったのに，三角定規が必要な授業だったり，「体育はマット運動の続きです。持ち物はジャージ，体育館シューズ」のはずが保健体育の授業だったりしたこともあります。

　「先生が出張でいなくて聞けませんでした。たぶん前と一緒です」
という驚きの連絡があったときは，あわてて，他の学級へ同じ教科の連絡事項を確認に行かせました。

　教科担任も，授業の最後に次の授業について予告することが多いのですが，担当学級すべてもれなくということは難しいので，いきおい，教科連絡が頼みの綱となります。したがって，教科連絡係は，担任が何も言わなくてもしっかりした生徒が選ばれるようになっていきます。

教室での雑談がおもしろい

　担任があまり教室にいないのも，入学したての生徒たちには違和感が大きいようです。空き時間の前後に教室で提出物のチェック等をしていると，私の教卓の周りを取り囲んで，いろいろ話しかけてくるのも１年生らしい風景でした。

　「先生あのね，国語の先生の字が１番きれいだよ」
　「音楽の先生，ピアノすっごい上手だね」
　「○○くんが，技術の先生にめちゃくちゃ叱られていた」
　いいことは先生方にも伝え，気になったことは後で確認しておこうと思いつつ，笑顔で聞きます。

　おもしろかった話を１つ。
　「中学校の先生って，もっと怖いと思っていたけど，そんなことなくてよかった」
　「そうなんだ」
　「先生あのね，今までで１番怖かった先生を教えてあげようか」
　「あら，教えてくれるの？」
　私の頭の中に，知っている小学校の先生方の顔がいくつも浮かびました。
　どの先生でしょう？
　「それは□□□幼稚園の先生！」
　みんな，情報ありがとう。**ずっと気軽に話せる関係でいたいと思いました。**

（玉置　潤子）

春の行事指導の
ポイント＆
アイデア

「春の学年行事」
指導のポイント＆アイデア

✔ 教師が大まかな計画を練っておく

入学したばかりの1年生。すべて生徒に考えさせるのには時間と労力が必要です。すべての計画を教師間で綿密に立てておき，その上で，生徒に任せる場所をいくつか用意しておけば，生徒も自主的に参加できます。

✔ 生徒に任せる箇所を明確にする

行事の中での司会進行は生徒に任せます。プログラムや司会の原稿を考えさせることで，生徒は自分達で行事をつくりあげているという自覚をもつことができるからです。その中で，生徒の「もっとこうしたい」という意欲もわいてくるでしょう。

✔ 全員統一の目標をもたせる

学年の目標が定まった上で，学級の目標を決めます。学年行事を経て，どんな姿に成長したいのか，生徒が同じ目標に向かって取り組むことができるようにします。準備・当日の中で，目標に沿って活動できていないときには，目標を振り返らせます。

✔ どんな生徒も参加できる内容にする

生徒の中には運動が苦手な生徒もいます。どんな生徒でも楽しく参加できる競技を用意しましょう。場合によっては，ルールの変更を行うことも必要です。すべての生徒が平等に参加できるか，きちんと吟味します。

✔ 全員に役割をもたせる

行事を行う上で，準備期間から1人1役の役割を用意します。競技種目の作戦を立てる係や，行事までのカウントダウンカレンダーを作成する係など，準備のときから全員参加できているか，全員に役割が確実にあるか確認をしながら進めていきます。

「春の学年行事」指導のアイデア

　入学して学校生活に慣れ始めた時期に学年行事を行い，学級づくり・学年づくりを行います。
１年生は入学して間もない時期であるため，学校生活に不安を抱えている生徒も少なくないでしょう。生徒の中には忙しい学校生活の中で，まだ話したことがない人もいるのでは？

　そこで，学年行事を通して，より多くの生徒と関わることで学校生活への期待や安心感をもち，学級と学年を好きになってもらえる機会にしましょう。

1 簡単な集団種目

　室内でやれる簡単な種目を用意し，選手を決めて行います。１人１つの種目に参加できるように選手を決めましょう。５人で段ボールを送る「段ボール運び」や「雑巾リレー」，２人で

背中合わせになった状態でボールを運ぶ「ボール送り」，「二人三脚」など，運動が苦手な生徒でも苦手意識をもたずに参加できる種目を用意します。さらに雨天時にも対応できるように，はじめから室内でやれる種目を用意しておくとよいでしょう。

　また，練習時間を事前にとったり，作戦会議を行ったりすることで，準備期間から生徒同士のつながりを深めることができます。

2 校歌コンテスト

　学校にある校歌。式や様々な行事の中で歌われると思います。
入学したばかりで，多くの生徒がまだ覚えられていない時期に行うことをおすすめします。

　学年行事に向けて練習をすることで校歌をしっかり覚えることができます。コンテストと題して，学級ごとに声量を競ったり，ハーモニーを競ったりなど，採点の仕方は様々あります。

　また，歌に振付を加えてパフォーマンスとしてみることも面白いです。学年行事当日に向けて，学級ごとに練習を重ねます。練習の中で，学級が成長していく様子が見られます。

　また，各学級に様々な賞状を用意しておくこともいいでしょう。

「優勝」「準優勝」だけでなく，「笑顔が素敵だったで賞」などと賞の名前をアレンジして，全学級分用意しておくこともできます。

③ 大縄大会

　学級の仲が一気に深まること間違いなし。全員が同じ目標に向かうことでまとまりが出ます。学年行事よりも前から練習の時間を設け，休み時間等を利用して準備するといいでしょう。どうしたらたくさん跳べるのか，作戦係をつくって考えさせたり，学級で話し合ったりするのもいいでしょう。

　また，学年行事当日30分だけ実際に大縄を使った練習時間を設け，ぶっつけで本番にするのも面白いです。

　当日までに，大縄は一切触れませんが，事前に教室で並び順を決めたり，エアー縄跳びをしたり，準備のしかたは様々あります。大縄の実物がないことで，生徒のアイデアを引きだすことができます。

④ 共同制作

　午前中は体育的行事で盛り上がり，午後はゆっくりと共同制作の時間をとることで，生徒もゆったりと楽しむことができます。モザイクアートやちぎり絵など，学年で１つの大きな作品を完成させます。そのため，生徒１人もしくは数名で１枚のパーツを作成することになります。体育館などの広いスペースで，小さい紙に数人が身を寄せ合って作成する中で，生徒同士はもちろん，生徒と教師も会話を楽しむことができます。入学して間もなく，息詰まりそうだった生徒も，ゆったりとできるこの時間は大変喜びます。

　できあがった共同作品は，ワールドカフェ方式で，それぞれの作品鑑賞に出かけ，どのような思いで制作したかを交流し合うとよいでしょう。作品はそのときに楽しむものとして，保存したり，掲示したりすることはしません。このことは最後に教師から生徒に伝えておきましょう。

（宮内　祐未）

「体育大会・運動会」
事前指導のポイント＆アイデア

「体育大会・運動会」事前指導のポイント

✔ゴールイメージを事前にもつ

体育大会の準備が始まるころから，行事が終わった日に学級や生徒たちはどのような姿になっているか，どこまで心を育てることができているのか想像し，何を語りたいのかを考えておきます。それを実現させられるように行事と向き合いましょう。

✔生徒の練習の様子を写真に撮る

写真はこまめに撮っておきましょう。学級通信や教室の掲示物，3月の学級じまいなどに便利です。それだけでなく，自分の記憶を呼び起こすためにも使います。体育大会シーズンの写真を眺めると，生徒のがんばりを再認識するはずです。是非，生徒に伝えましょう。

✔生徒ががんばっていたことをメモする

目で見た記憶は忘れやすいものです。生徒たちのすばらしい姿やがんばり，発見した課題などはすかさずメモをとりましょう。生徒たちは，自分たちの様子や，努力を認めてくれる人を信頼します。

✔ゆとりのある時間を確認しておく

前日のどこで担任の思いを語ることができるでしょうか。当日はどうでしょうか。時間は慌ただしく過ぎていきます。そんな中で，最も効果のある，思いが伝わるチャンスはどこにあるでしょうか。事前に日程をよく確認して，シミュレーションしておきましょう。

✔生徒への愛情を素直に伝える

生徒に，担任がどれほど学級や生徒たちを大切に思っているかを，素直に伝えましょう。まずは，生徒たちがこのクラスでよかった，この仲間たち・先生と出会えてよかったと思えるように，愛情のこもった言葉を送りましょう。

✔生徒たちが胸を張って本番を迎えられるよう背中を押す

途中で困難があったかもしれません。もしかしたら不安なことがあるかもしれません。それでも，もう本番が始まります。最後は，生徒たちが胸を張って堂々と体育大会に参加できるように，送り出してやってください。

「体育大会・運動会」事前指導のアイデア

1 練習計画で差をつけよう

　勝負は準備段階で決まります。綿密に打ち合わせをし，それを実践していくことができたら理想です。しかし，生徒の活動は生き物です。計画通りにはいきません。だからこそ，生徒が計画を立てる際に気をつけたいことがあります。それは，生徒たち共通の心得を決めることです。そして，毎日の朝や昼，帰りなどの時間の使い方をルーティーン化します。

　さらに，練習のポイントを確認することです。このポイントとは，振付のことではなく，どうやって練習するかという意味です。写真では，右下に「間をあけない」，「くり返し何回も」と書いてあります。このようなことができるようになると，生徒たちはどんどん自分たちで活動していきます。

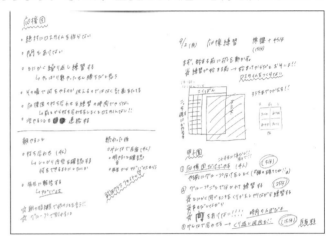

2 エアー縄跳び

　大縄跳びの練習で困っていませんか。そんなときにおすすめしたいのが「エアー縄跳び」です。教室でできます。エアー縄跳びなので，大縄もいりません。つまり，場所や天気，道具の制限を受けません。ただ大縄なしで跳びます。それでも確実に跳べているのかはわかります。

代表生徒や縄の回し手に，その様子を確認させながら，どうしたら跳べるようになるのか，知恵を出し合うとよいでしょう。回数を重ねていくと，本当に縄があるように見えてきます。やってみると楽しい練習です。

（武田　慎平）

「体育大会・運動会」
当日・事後指導のポイント＆アイデア

✔ **予め，これから先の教育課程を確認し，次につなげる場面のイメージをもつ**

　授業・給食・掃除を今以上に大切にさせることはもちろんですが，次は何が待っているでしょうか。文化祭でしょうか。宿泊研修でしょうか。今回の行事での経験をどう生かすことができるのかを考え，次につなげましょう。

✔ **行事が終わった後の時間の使い方をプランニングする**

　片付けや委員会活動など，行事が終わった後は忙しいはずです。学級で確保できる時間がどれだけあるのかによって，実践可能な活動内容が変わります。時間が足りなくても，余ってしまっても，台無しになってしまいます。よくプランニングしておきましょう。

✔ **生徒ががんばったことを認め，ほめる**

　結果は大事です。しかし，生徒たちにとって一番嬉しいのは，担任からのねぎらいです。これまでの子どもたちの気持ちや努力，素敵な姿など，担任がすべてを知っているはずです。一番近くにいた担任の先生のねぎらいに勝るものはありません。

✔ **生徒の今後の課題と解決策を考えさせる**

　行事はあくまでも通過点であり，１つの成長の機会です。そうとらえるべきです。今回の体育大会・運動会を通して，できるようになったことや得たこと，できなかったことなどを考えさせましょう。記憶や気持ちが一番新鮮な，当日のうちにやっておきましょう。

✔ **生徒と担任，全員で今後の課題と解決策を共有する**

　個人の振り返りも大切ですが，集団をまとめていくためには，全員で共有することが大切です。全員が同じ課題と解決策をもちながら，この先の生活に生かしていけるようにしましょう。この活動で今後に差がつきます。

✔ **あらためて，行事が終わった後の学級の姿とこれまでの指導を振り返る**

　行事を通して見せた子どもたちの姿や学級の実態は，これまでの自分の指導や学級経営を振り返る絶好の機会です。よかったことはもちろん，よくなかったことにこそ向き合い，担任として，学級経営の方針と具体案を修正していきましょう。

「体育大会・運動会」当日・事後指導のアイデア

❶ ハイタッチでお出迎え

　学級の仲間が自分の競技を終えて，控え席に戻ってきます。その時に全員で「ハイタッチ」をして迎えましょう。競技から戻ってくる生徒はもちろん，迎える生徒も笑顔いっぱいになります。「学級の仲間が喜ぶことをする⇒学級の仲間が自分のために，何かをしてくれる⇒この学級でよかった」。この連鎖を生み出すのです。

　学級での話し合いの場を設け，必ず全員とハイタッチをする，学級の仲間が戻ってきたときに言う合言葉を考えるなど，自分たちでよりよい方法を加えられると効果抜群です。

❷ 競技中の応援で盛り上がる

　いざ体育大会の本番が始まってから「みんなで応援しましょう」と言っても，子どもたちは方法を知りません。そこで，体育大会をより楽しむために，事前に競技中の応援を考えさせます。応援歌の歌詞を自分の学級風にアレンジしたり，みんなで簡単な振付を考えたりすると，

生徒はいきいきと応援します。学級の雰囲気がグンとよくなります。学校によっては，競技中は立ち上がらずに応援するなどのルールがあるかもしれません。その際には，イスに座った状態でも盛り上がれる振付などを考えてみてはいかがでしょうか。

（武田　慎平）

5章

年度はじめの
生徒指導・
学習指導の
ポイント

「生徒指導」
のポイント

1　「教室の使い方」の指導のポイント

　出身小学校や学級によって，教室の使い方への意識にはかなり開きがあることが予想されます。4月の早いうちから，一から手取り足取り教えることで3年間の過ごし方が全く違ってきます。ここで力を入れて指導しましょう。

　教室では，「時を守り，場を清める」ことを基本概念におき，取り組みたいと思います。

●座席について

　座席の配列については，隣が同性にならないような市松模様の配置が望ましいと思います。この配列は，縦横のどの向きでペアをつくっても，4人グループになっても，学級全体でコの字の隊形になっても，必ず，前後左右は異性の並びになるからです。同性だと，おしゃべりに夢中になり落ち着きのない状態になりがちです。また，この市松模様の配置にすると，男女の仲がよくなり，常に自然な関わりができて，人間関係も良好になります。すると学級全体が温かい雰囲気になります。班になったときに中心となってまとめられる生徒（リーダー）がいるように配慮すれば，なおよいでしょう。

●ロッカーの整理整頓について

ロッカーを見ただけで，学級の様子がわかります。きれいに整理整頓できている学級は，落ち着いて学校生活を過ごせており，逆にロッカーからものが落ちたり，適当に突っ込んだりしている生徒の多い学級は，雰囲気もあまりよくないように感じます。しかし，どのように整理整頓をしてよいかわからない生徒もいると思います。ロッカーの整理整頓を視覚でイメージさせることが大切です。ロッカーの上，もしくは，背面黒板などに「正しいロッカーの使い方」として写真を掲示しておくとよいでしょう。

また，委員会を活用して，正しく荷物がロッカーに入れられているかチェックするとともに，荷物が落ちていたら，担任または教科担任が該当生徒を呼んで，整頓させることが大切です。教師が見逃して放置することがないように，生徒の目，教師の目の二重の目で指導しましょう。

また，ロッカーだけでなく，掃除道具など普段生活で使用する箇所（掃除道具入れなど）の整理整頓も心がけさせましょう。そうすることで「ものを大切に扱う」「周囲に気を配る」といった心の成長を促すことにもつながるはずです。

☆ロッカーの整頓をしよう☆

①3W はひもが出ないように入れる。
②ナップの底が見えるように置く。
とにかくひもを出さないように…！！

毎日の生活を雑にこなしても，丁寧にやっても，実は，それにかかる時間はあまり差がありません。雑にすれば心が寂しく，丁寧にやれば心が優しくなります。
by 汗幸子（掃除界のカリスマ）

② 「身だしなみ」の指導のポイント

小学校とは違い，髪型，服装についても細かいルールがあります。生徒手帳や，生徒指導部からのプリント等を見ながら，ルールを確認しつつ進めていきましょう。それと同時にイラストに気をつける点を書き込んだプリント（確認表）を配付すると，生徒もイメージしやすいと思います（右写真）。

時間があれば，イラストに記入してあったことをクイズにして，学級で確認できると楽しく身だしなみについて理解できると思います。また，委員会を活用して，定期的に頭髪・服装チェックをしていきましょう。チェックは，自分でさせるのではなく，ペアで確認し合いましょう。このときに，

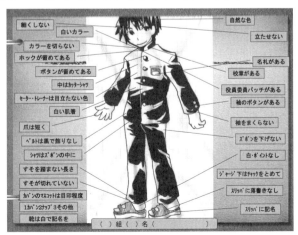

相手が異性だと細かくチェックできないので，同性でチェックできるように組み合わせましょう。定期的に乱れの見られる生徒については，「心」の部分が心配されます。個別に生徒を呼んで話をしっかり聞いてあげるとともに，家庭に相談することも必要かと思います。「服装の乱れ＝心の乱れ」です。

　これは子どもからのサインだと思って，教師は気づかないといけません。

③ 「提出物」の指導のポイント

　提出物は，朝の会の間に提出させましょう。そのため，すぐに提出できるように机上に提出物を置かせて，担任が回収します。しかし，課題や個人情報でない提出物については，登校したら，すぐに決められた場所（ロッカーの上など）に提出させて，係がチェック表にチェックを行い，未提出者に係が声をかけます。その後，係は担任に提出状況を伝え，担任は該当生徒と提出期限の約束をしておきます。その流れを定着させていくことにより，提出物に対する意識も高まっていきます。「提出物」において一番大切なことは，生徒に責任をもたせるということです。係は，ただチェックや提出物を番号順にそろえるのが仕事ではありません。提出物が出ていない生徒に声をかけていくことが重要なポイントとなります。声のかけ方は，人それぞれで構いません。例えば「課題出てないよ。課題どうしたの」とか「課題チェックするから早く出してね」などです。

　そんな声がとび交う学級は，困ったことがあったらお互いに話し合い，解決しようとする学級に成長していきます。生徒同士の声かけが最も効果的です。

④ 「整理整頓」の指導のポイント

　荒れた学級には，「教室が汚い（整理整頓できていない）」という特徴があります。

　今，教室を見て，下記のような状況になっていませんか。

●荒れた学級に見られがちな状況

・床に，ゴミやプリントが落ちている。

・ゴミの分別ができていない。

・チョーク受けには粉がたまっており，チョークも使えないも

のまで置いてある。
・荷物も決められた場所に置かず，床に落ちている荷物もある。
・机，椅子の位置がずれている。
・掲示物が取れている，または取れかけている。
・古い掲示物が貼られたままになっている。
・背面黒板にメッセージが書かれていない，または終わったこと
　が書いてある。

　この状態を見て，生徒が悪いと思っていませんか。

　確かに，担任がゴミを出しているわけでも，荷物を床に落としているわけでもありません。しかし，生徒たちはこの状態を見て，自分たちが悪いと思うのではなく，担任は自分たちに無関心だと感じてしまいます。そんな状態では学級がうまくいくわけがありません。

　学級をうまく経営するには，「気づかせる」ことが大切です。気づかせるためには，できていないことを注意するのではなく，担任が自ら率先して生徒と一緒に行動することです。はじめは，担任が掃除をしているのを子どもたちは見ているだけかもしれません。しかし，毎日続けていくことにより，「先生が教室をきれいにしているから，教室を汚してはいけない」と感じてくれる生徒が増え，あらゆる場面で，気づいて行動するようになります。教室の環境をつくることで，毎日の授業や行事など，落ちついて取り組むことができるようになります。

⑤ 生徒指導で学級をまとめるポイント

　学級をうまくまとめるためには，学級だけでなく，学年全体を意識した指導を心がけてほしいと思います。担任は自分の学級をよくしたいと思い，愛情をもって接していることでしょう。とてもよい心構えではありますが，学級だけ，その１年間だけの成長ではいけません。

　来年度になれば，学級もかわり，担任もかわります。担任や友達がかわって，できていたことができなくなってしまっては意味がないのです。次の学年につながるように，３年計画で学年全体を見て指導していきたいものです。「学級」＝家族（我が子）ではなく，「学年」＝家族（我が子）だと思い，がんばっていることは学年全体で認め，問題行動があれば学年でしっかりと指導してほしいと思います。学年全体の成長が学級の成長につながり，学級のまとまりへとつながっていきます。

（弓矢　敬一）

「学習指導」のポイント

① 「授業スタート時」の指導のポイント

　授業スタート時，机上が乱れていると落ちついた雰囲気はつくれません。「教科書，鉛筆（シャープペン），消しゴム，赤ペン，蛍光ペン１本」など，何を用意すればよいのかを具体的に指示しましょう。そして，指示通りに素早く準備できた生徒をほめましょう。その様子を見た生徒たちは「自分もほめられたい」と行動が早くなり，プラスの雰囲気がつくられていきます。学級によっては，落ちつきのない生徒が多い場合もあるでしょう。そんなときは，筆箱から必要なものだけを取り出し，残りは机の中にしまわせると指示が通りやすくなります。

　１週間から長くて２週間，同じ指示を出せば，こちらから指示を出さなくても生徒たちは自分たちで考え，授業スタート前に机上に必要なものを準備することができるようになります。

　落ちついた雰囲気をつくることができたら，いよいよ授業開きです。生徒たちは，１年の中

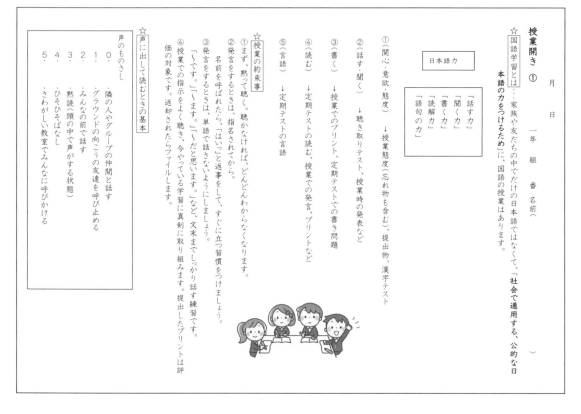

☆授業開き①

　　月　　日　　　一年　　組　　番　名前（　　　　　　　）

☆国語学習とは…家族や友だちの中でだけの日本語ではなくて，「社会で通用する，公的な日本語の力をつけるために」，国語の授業はあります。

日本語力

「話す力」
「聞く力」
「書く力」
「読解力」
「語句の力」

①（関心・意欲・態度）
　→授業態度（忘れ物も含む），提出物，漢字テスト

②（話す・聞く）
　→聴き取りテスト，授業時の発表など

③（書く）
　→授業でのプリント，定期テストでの書き問題

④（読む）
　→定期テストの読む，授業での発言，プリントなど

⑤（言語）
　→定期テストの言語

☆授業の約束事
①まず，黙って聴く。聴かなければ，どんどんわからなくなります。

②発言をするときは，指名されてから。名前を呼ばれたら，「はい」と返事をして，すぐに立つ習慣をつけましょう。

③発言をするときは，単語で話さないようにしましょう。「〜です。」「〜ます。」「〜だと思います。」「〜だと思います。」など，文末までしっかり話す練習です。

④授業での指示をよく聴き，今やっている学習に真剣に取り組みます。提出したプリントは評価の対象です。返却されたらファイルします。

☆声に出して読むときの基本

声のものさし
0：隣の人やグループの仲間と話す
1：グラウンドの向こうの友達を呼び止める
2：みんなの前で話す
3：黙読（頭の中で声がする状態）
4：ひそひそ話なし
5：さわがしい教室でみんなに呼びかける

で一番緊張感をもち，「話を聞こう」という気持ちになっています。ですので，入学を祝う言葉や自己紹介などは短く終え，すぐに本題に入ることをおすすめします。

　耳からの情報だけでは，内容を理解することができない生徒も多くいるので，本時で伝えたいことなどを書いたプリントを準備しましょう。最初に，その教科を学習する目的を説明します。小学校から継続して学習している教科についても，改めて目的や意味を説明されることによって生徒たちは新鮮な気持ちで中学校の授業に臨むことができます。その後，「授業時の約束事や評価のしかた」など，特に重要なことは，黒板に書いたり，プリントに線を引かせたりします。説明をする中で「がんばっている子ががんばってよかったと思える授業ができるように，自分もがんばります。だからみんなでそんな雰囲気をつくっていこう」という自分の思いを，ゆっくり丁寧に伝えていきましょう。

　一通り説明が終わったら，質問を受けつけます。周りと相談する時間をつくると，自然に質問が出てきます。指名をされた生徒が「はい」と返事ができたら，ほめるポイントです。授業開きから，伝えた約束事はどんどん実行させる。そしてほめる。この繰り返しが大切です。

❷ 「記名」の指導のポイント

　授業で使用するファイルや問題集に名前などを記入させるときも，どこに何を書くのかを丁寧に指導しましょう。黒板を用いて，書く内容や位置を説明します。その後，質問を受けつけます。ファイルに記名する際に天地を間違えると，生徒はそれを見るたびに嫌な気持ちになります。そんな気持ちにさせたくありません。心配な生徒が多くいる場合には，小グループで活動させるのも有効です。また，次時までに自宅でやってきてほしいこと（配付したプリントをとじたり，貼ったりするなど）があれば，その指示もします。そして次時に確認をして，実行できていれば，またほめることができます。

　最初に丁寧にファイルなどに記名をした生徒は，その後も自分の使用するものを丁寧に扱うことができます。

　また，統一した書き方や工夫（問題集の表，裏の両方に記名をさせるなど）がしてあれば，教師も点検をする際に効率がよくなります。

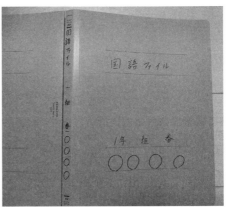

1，2が終了した後は，次時につながり，さらに盛り上がる活動をすることをおすすめします。国語の授業なら「月の異名を覚えよう！」と暗唱に挑戦させますが，活動内容は，各教科によって復習やこれから必要な知識につなげられるものを考えましょう。

例えば，月の異名を覚えさせたい活動ならば，このような取り組みをします。

①異名の意味，覚える目的を伝える。
②黒板に異名が書かれた12枚のカードを貼る。異名が書かれたプリントも配付する。
③教師が見本を示した後，教師の後に続き，生徒に異名をリズムよく唱えさせる。
④次時に1月（睦月）～6月（水無月）までを，全員発表することを伝える。
⑤3分から5分間，時間を与え，暗唱に挑戦させる。
⑥黒板のカードを1枚ずつ外しながら，6回全員で唱えてみる。
例　1回目　睦月→　　→弥生→卯月→皐月→水無月
　　2回目　睦月→　　→弥生→卯月→　　→水無月
⑦現時点で挑戦したい生徒がいるか聞き，いれば指名する。
⑧挑戦者が成功した場合には全員で大きな拍手をする。失敗した場合は，挑戦しようとした気持ちを大いに認める。

生徒たちは，驚くほど一生懸命覚えようとします。また，周りの生徒と練習をしたり，聞き合ったりする雰囲気が自然に生まれます。

次時では，暗唱前にやり方の説明と順番を決めましょう。やり方は次のとおりです。

①全員起立する。
②自分の番になったら暗唱する。
③教師から「まる」と言われたら座る。「ばつ」と言われたら2回目に向けて声を出さずに練習する。

授業開き②

月　日

☆異名を覚えよう。

一年　組　番　名前（　）

☆異名を練習しよう。一月～六月までです。

睦月（一月）	文月（七月）
如月（二月）	葉月（八月）
弥生（三月）	長月（九月）
卯月（四月）	神無月（十月）
皐月（五月）	霜月（十一月）
水無月（六月）	師走（十二月）

大切なのは，一度挑戦した生徒が再挑戦するときです。再挑戦で成功したときは「全員で拍手を！」と大きく認めます。再々挑戦の場合は，ヒントを与えるなど，みんなで支える雰囲気を大切にします。全員が笑顔で終了できる活動にしましょう。成功体験は生徒に自信を与え，やる気につながっていきます。

（久保美也子）

生徒指導コラム

５月の「慣れ・だれ・崩れ」に注意！

入学時の緊張感から少しずつ出てくる疲れ

　入学当初は，気を張って過ごし，中学校独特のルールや規則に従ったり，慣れない人間関係をうまくやりくりしようとしたりして，自分自身の居場所確保に全力を注ぎ，多くの生徒が，いわゆる「いい子」でいようとします。

　そんな緊張感のある，初々しい様子が少しずつ変化してくるのが，４月後半から５月にかけてのゴールデンウィーク前後です。それはなぜでしょうか。

　考えられることの１つに，がんばってきた自分の装い，いわば仮面がはがれて素の自分に戻っていくことがあげられます。友達にできない自分を見せたくない，弱い自分を見せたくない，笑顔でいなくてはいけない，と自分に負荷をかけてきたからです。この時期，表情や態度の変化はもちろん，友達同士での会話の内容も，愚痴や悪口のようなものが増えてきます。人間関係に慣れてきて，少しずつなんでも話し合える仲になってきたということもあるでしょう。こうした**本来の自分の姿で自分らしくいられる環境を，プラスのエネルギーに変えていけるような指導が必要になってきます**。

　１日の大半は授業です。授業の中で自分らしく力を発揮できるように，教室は間違えてもいい場所であること，みんな考え方はそれぞれで違っていい，ということを徹底的に伝えます。自信をもって挙手ができる，安心して間違えられる教室の雰囲気をつくることが，一人ひとりが自分らしさを発揮し，プラスにエネルギーを働かせていく第一歩になります。

小学校と中学校とのギャップについていけない生徒が…

　小学校の自由な雰囲気やルールから，中学校の細かく徹底した指導に環境が変化する中で，生徒は懸命に自分自身を順応させようとします。服装，髪型などの身だしなみ，あいさつ，返事，姿勢などの態度，敬語などの言葉づかい，毎時間教師が変わっていく教科担任制の授業，様々な環境の変化に，順応しきれない生徒（さえない表情，行動が遅い，提出物が出ない，登校渋り，反抗的な態度等）が，少しずつ目立ち始めます。

　そんなときには，個別に話を聞きましょう。その生徒がどんなことで悩んでいるのかをキャッチし，一緒に解決方法を考えましょう。頭ごなしに「なんでできないんだ！」「決められた

ことはやりなさい！」だけでは根本的な解決にはなりません。**単なる甘えやわがままなのか，我慢の限界まできているのか，その生徒の実態をよく見定めて，寄り添う姿勢で焦らずに中学校生活に慣れさせていく教師側のゆとりが必要です。**家庭環境，生活リズム，本人がもっている特性など，様々なところに原因はあるものです。

休み時間の教室

　学級の中で，人間関係が構築されてきた5月。様々な情報をキャッチしやすいのが休み時間です。誰と誰がいつも一緒にいるのか，1人でいる子は誰か，グループの中心にいるのは誰か，何をして過ごしているのか，どんな話をしているのか，何気なく声をかけて回りながら様子を見ていきましょう。

【グループの中心にいて，声のボリュームも大きく，周りへの影響力がある生徒】

　学級全体に与える影響が大きいため，この生徒の言動や行動に注意する必要があります。場の空気を悪くするようなマイナスの言動，誰かをいじったり茶化したりする行動などには注意し，必要に応じて声をかけていかなければいけません。

【1人で読書する生徒】

　もちろん好んで読書している生徒も多くいます。その子の特性や状況をよく見極めて，友達とどう接したらよいのかわからない，学級の中で話せる子がいない，という理由でとりあえず読書に逃げる，ということが考えられれば注意が必要です。このようなタイプの生徒とは，声なき声を拾いあげられるよう，毎日の生活日記などでじっくり交流し，本音を書きやすい環境を整えてあげられるといいですね。

　その他にも，生徒同士でじゃれ合っているケースも，お互いが楽しんでいるとは限りません。表情をよく観察し，学級内での歪んだパワーバランスが生み出されないようにしていきましょう。

アンテナは高く　目線は低く　C・R・S

　「慣れ」が「だれ」に変わり，「だれ」が「崩れ」に変わっていかないよう，学級の雰囲気や人間関係には常に敏感でいることを心がけましょう。

　常にアンテナを高く，情報を掴みC（キャッチ），それに反応R（レスポンス）して生徒同士を繋ぐS（ストリング），教師の役割はこの連続性にあります。そして，生徒に対するときには，上から目線ではなく，生徒の目線に立ち，寄り添う姿勢で指導にあたりましょう。

（田中友二郎）

信頼される
保護者対応術

「保護者会」の運営術

① 学級全体で行う「保護者会」と二者で行う「保護者会」

「保護者会」を実施している学校はごく少数ですが，４月後半から５月前半に学級全体で行っている場合と，１学期終了前，あるいは終了後に，個別に行う場合があります。

また学級全体で行う「保護者会」を「学級保護者会」と呼び，担任から保護者に対して，次のような内容で行っている学校があります。

> ・担任の自己紹介をする
> ・学級をつくっていく上での担任の考えを伝える
> ・１年間の学校・学年行事等の紹介と協力のお願いをする
> ・保護者からの要望を聞き，応答する
> ・学級PTA役員の選出などをする

この「学級保護者会」を実施している学校は，４月半ばには行っています。授業参観とセットにして行っているのがほとんどですが，授業参観をしても「学級保護者会」には出席しない保護者が多くなり，開催する学校が少なくなっています。

なお，本書では，二者，つまり保護者と担任で行う懇談会を「保護者会」と称し，保護者，生徒，担任で行う懇談会を「三者面談」としています。「三者面談」の運営については，次の項で紹介します。

② 保護者の意識の違いに注意する

複数校から入学してくる中学校と，小中一貫型や連携型と称しての一小一中の場合とでは，保護者の意識は全く違います。また，出身小学校の学校規模によって，保護者の力関係が複雑な場合もあります。つまり，大規模校からの保護者の方が以前からつながりがある保護者が多く，いろいろと声が出しやすいといった面があります。

都市部と地方では保護者層も異なるなど，担任として初めて保護者と対面するときは本当に緊張するものです。私自身の経験ですが，学校を異動するたびに，その地域ごとで事情が異な

り，学級の保護者をまとめるのに苦労した時代もありました。

　いずれにしても，生徒との出会いと同じく保護者の出会いについても担任として「奇跡の出会い」を演出したいものです。最初の出会いで失敗すると，現代ではすぐに SNS 等で，「今度の担任はハズレね」「ヤバいわ？」「終了！」など，一瞬にして評価が地に落ちてしまうことも少なくありません。改めてこの一瞬を生涯最大の勝負と位置づけてほしいものです。

❸ 机の配置を工夫する

　多くの学校では，「保護者会」は各教室で行っていると思います。

　二者懇談であるといっても，机2つだけを対面させて保護者と真正面から向き合う形をとることは少ないでしょう。4つの机を田の字に並べて担任の横には資料を置き，真正面で向かい合うことなくほんの少し斜めに向かい合うほうが，緊張感がやわらぎます。ただし，保護者から資料の内容が見られてしまうことは問題です。資料を見て説明するときには，細心の配慮が必要です。

　かつて，教室の教師卓の横に椅子を置いて，保護者と懇談をしている教師を見たことがありますが，教師が何か偉そうにしている感じがしてなりませんでした。おすすめしたくはありません。

❹ 笑顔は最大の武器

　なんと言っても大切なのは，担任の笑顔です。笑顔で出迎えれば，それだけで場が和みます。マザーテレサのような微笑みで安心感を与えられたら，それはもはや神対応となります。

　担任が緊張するように，保護者も緊張しています。鋭い眼差しで担任の一言一行を見られているのでここは要注意です。やわらかい物腰で自己紹介するか，気合いの入ったあいさつから自己紹介に入るかは，その空気感や担任の個性によります。

　また，ついつい面白いことを話そうとすると必ずすべるので注意してください。意識して笑わせようとせず，ごく自然に笑いが出るように心がけたいものです。

　ただ，保護者にはそれなりのエリート層もいるので，教師としての威厳は守らなければなりません。いろいろと事前に話す内容を確認したり，和ませるポイントを仕込んでおいたりしましょう。

（小山内　仁）

「三者面談」
の運営術

❶ 本人・保護者の緊張を笑顔でほぐす

　生徒や保護者は，中学校１年生で「三者面談」を初経験する場合がほとんどです。担任も緊張すると思いますが，それ以上に生徒や保護者は緊張しています。緊張をほぐす特効薬は，担任の笑顔です。こちらから微笑むことです。

　生徒と保護者が教室に入って座る前に，保護者に明るく，「こんにちは。いつもお世話になっています。どうぞお座りください」と，笑顔で一言かけましょう。

　若い頃，あいさつは保護者からするのが当然だと考えていました。子どもを世話しているのは担任なのだから，という気持ちがありました。なんと不遜な考え方だったのだと思います。きっと偉そうな顔をして，対応していたのだと思います。若い教師だとなめられてはいけないとも思っていた節があります。このような態度の教師に，保護者が相談してみようと思うわけはありません。

　笑顔を意識して話し始めると，生徒や保護者も間違いなく笑顔になるはずです。「笑顔は伝播する」という言葉があります。相手を笑顔にして，心をほぐしてから話し始めることを大切にしましょう。

❷ 時間を厳守する

　「時間を守る」ことは当たり前なのですが，面談は相手があることですから，これがなかなか難しいことは経験上よくわかっています。

　「予定の時間となりました。申し訳ありませんが，今日はこれで…」

　とは，言いにくいものです。そのうち，あっという間に次の「三者面談」の開始時刻になってしまい，冷や汗をかくこともあると思います。

　では，どのようにしたら時間を守ることができるでしょうか。

　まずは，余裕をもって「三者面談」の計画を立てることです。私は１組15分間で組んだとき，４組済んだところで10分間の休憩を入れることにしていました。この10分間は自分の休憩もありますが，それ以上に調整をするための時間に使っていました。こうした時間を設けておくことが時間を厳守するためのコツです。調整時間があると思うと，やりとりが長くなっても落ち

ついていられるものです。

　経験が浅いときは，こうした休憩（調整）時間を設けず，こちらから15分間も話す事柄はないと考え，「三者面談」を組んでいました。これが大失敗の元でした。こちらから話すことがなくても，保護者が話したいことはあるのです。そろそろ面談を打ち切ろうと考えていても，「実は先生…」と言われて時間オーバーとなり，さらに次の面談もそのようになってしまい，教室の外で待っておられた保護者から，「先生，時間を守って下さい！」と怒鳴られたことがありました。

❸ 生徒に声を出させる

　「三者面談」といいつつ，ほとんど担任が話して終わってしまうことはないでしょうか。

　また，保護者と担任だけではなく，生徒も同席させる意味を感じさせない面談になってしまうこともあるのではないでしょうか。

　保護者の前ですので，生徒は気恥ずかしさがあって，なかなか言葉を発しませんが，一言，二言は保護者の前で声を出させるとよいでしょう。

　例えば，次のように問いかけるとよいでしょう。

　「（保護者に向かって）彼は係活動を一生懸命やってくれていますよ。ところで（生徒に向かって）自分はどんな係活動をしているかを伝えている？　そうだよね。わざわざそんなことは伝えていないよね。いい機会だから，どんな係活動をしているかを話してごらん」

　もちろん担任が，その生徒の係活動を把握していないわけはありませんが，教師が伝えてしまうより，生徒に伝えさせた方がよいのです。一旦，声を発すると，保護者の前で話す抵抗感は一気に減ります。だからこそ，こうした簡単な問いを投げかけて，まずは声を出させるのです。その上で，核心に触れる質問（例　定期テストの点を見て思ったこと）をするとよいでしょう。

❹ リップサービスは厳禁

　保護者から「うちの子どもは，正の数・負の数がよくわからないと言っています」と聞き，「わかりました。授業後にもう一度教えます」と返答した教師がいました。ところが，授業後には，外せない会議や出張が続き，個別指導をする時間がとれませんでした。これが「あの先生は口ばっかり」と噂が立った要因でした。その場をなんとかしようとする対応，いわゆるリップサービスは厳禁です。もちろん，誠意をもって話すことが大切ですが，具体的な対応を提案する場合は，よく考えて伝えるべきです。

（玉置　崇）

「トラブル」
の対応術

❶ 保護者クレームの傾向

中学１年生における保護者からのクレームの原因として，次のようなものが考えられます。

①小学校・中学校のギャップに困惑。
②生活のきまり（生徒心得）や校則の細かさに困惑。
③子どもの友人関係に対する不安。　　　※出身小学校の違い，いじめられた過去
④子どもの学習（成績）に対する不安。　※定期テストの点数に愕然とする
⑤部活と学習の両立ができてないことへの不安・不満。

この内容は，１年生で不登校になる原因としても上位にあげられるものです。

中学生になると，家庭で学校の話をしなくなる生徒（特に男子）が出てきます。心の成長に伴う自然なことですが，保護者にしてみれば，自分の子どもが学校でどんな生活を送っているのかわからないのはとても不安なことです。口数が少なくなったのは，中学校でうまくいっていないからではないかなど，心配をする保護者がいます。そうした中，子どもが発した先生への愚痴を100％受け止めて，学校へクレームの電話をしてくる保護者の方もいらっしゃいます。

したがって，担任は，保護者にいろいろな方法で学級での様子などの情報を伝えていくことが大切です。定期的に出される学級通信は，保護者にとって学級の様子を知る情報源になります。中学校での学級通信ネタとして重宝がられるのが，担任が担当する教科や委員会，部活動での状況です。また各教科担任や部活動指導者と連携を密にし，学級の生徒たちの情報を積極的に得ておきましょう。その中で生徒たちのがんばりや，ぜひとも伝えておきたい大切な情報があれば，それを通信に載せるとよいでしょう。

❷ 生徒間のトラブルは早期に対処する

担任が介入すべき大切な場面は，生徒間のトラブル場面です。「人間関係づくり」は，よりよい学級をつくるための最重要ポイントです。

中学校に入って初めて迎える学級での人間関係のトラブルは，１年生ならではのものがあり

ます。その多くは言葉の行き違いや誤解，悪口などちょっとしたことから始まります。そこから「いじめ」に発展することもあるでしょう。

　担任として，生徒間のトラブルに気づいたら，トラブルはできる限り小さいうちに対処した方がよいので，積極的に関わりましょう。もちろん，どちらが正しいかを判定する役目ではありません。トラブルの原因となったことを明らかにして，双方に納得させ，どのような考え方をすればよかったかを認識させることです。

　そして，なにより大切なことは，保護者に簡単に報告しておくことです。詳細を伝える必要はありません。

　「学級内でちょっともめごとがあり，○○さんは苦しんでいたようです。正直に話してくれました。そして，その苦しみを減らすための話し合いをしましたので，ご安心ください。なお，本人が自分から口にするまでは，お聞きにならない方がよいと思います。お子さんの様子を見ていて，ご心配なことがありましたら，遠慮なくお電話をください」

　このような電話報告をしておくとよいでしょう。中学生ともなれば，子どもは何かしらの困りごとをもつということは保護者も予想できます。担任に把握していてもらえていると思うと，安心してもらえます。

③ 「あるある」なトラブルを押さえておく

あるある学習編その１：担任以外の教師が，宿題の提出期限が過ぎているからと，生徒に居残りを命じた。しかし，担任は居残りを把握しておらず，心配した保護者から「子どもがまだ帰ってこない」と連絡がきた。

あるある学習編その２：初めての学期末，子どもの通知表に不満をもった保護者から「うちの子は塾にも行ってがんばっているのに，なぜ，このような成績なのですか」と問い合わせがあった。

あるある生活編その１：髪型について指導し，髪を切ってくるよう指導した。それを聞いた保護者から「小学校では許されていたのに…」と問い合わせが来た。

あるある生活編その２：〆切厳守の提出物を忘れてきた生徒に対して，下校後，学校へ持ってくるよう指導した。学校へ行こうとする子どもを見て，保護者から「明日じゃダメなのか」という問い合わせがあった。

あるある生活編その３：入学して１～２ヶ月。学級内で生徒同士のトラブルが起こった。生徒指導が終わり，家庭に報告すると「その子，○○小学校出身の問題児ですよね？先生，席を替えてもらえませんか？」と言われた。

あるある生活編その４：「先生，どうすればいいですか？」と聞いてきた生徒に対して，自立を促すために「自分で考えなさい」と答えたが，生徒は冷たくされた

と感じ，保護者からクレームがきた。

あるある部活編その1：部活動に入部した4〜7月ごろ。練習では雑用ばかり。試合では応援ばかりの1年生。保護者から「雑用させるために，入部させたんじゃない」というクレームがきた。

あるある部活編その2：部活動での活躍を目指して，小学校時代から経験のある生徒が校区外から入学をしてきた。顧問は3年かけて築いたチームを大切にし，その1年生は大会に出場できなかった。試合後，保護者から「なぜ，1年生を出さなかったのか。経験者だから出場させれば，もっと上を目指せたのに」と顧問の采配に対してクレームがきた。

あるある部活編その3：部活動で「大会前だから，なるべく休まないで」と部長（キャプテン）から言われ，生徒は責められたと感じた。それを聞いた保護者から「用事があるのに部活動を強制するんですか」とクレームがきた。

あるある部活編その4：嫌なことがあると，すぐ「辞める」という生徒に対して「入部したら3年間続けるって約束したよね」などと言葉をかけ，何とか生徒をがんばらせようとした。その後，保護者から「本人の思いを無視するんですか」というクレームがきた。

　その他にも，毎日起こる教室でのトラブルや，2年次のクラス替えへの要望，担任を替えてほしいという要望等々があげられます。これらの対応をおろそかにすると，放課後に鳴り響くクレームの電話，時として職員室に保護者が怒鳴り込んできて，さらなるトラブルに発展してしまうことになります。

　ここで紹介したクレームの例は，担任1人で抱え込んではいけないものばかりです。学年主任や教頭，校長に必ず伝えましょう。経験豊富な方から，よりよい対応のための知恵をもらうことが重要です。

❹ 宿題の出し方を学年で共通理解する

　小学校と違い中学校では教科担任制です。最近では，小学校でも専科教員の配置によって教科によっては専門の教師が教えることもありますが，教科担任制を初めて経験する中学校で多いのが保護者からの宿題に関するクレームです。

　各教科で補充的に，時には授業で終わらなかったところなども宿題として出す教科担任がいます。特に5教科（国・社・数・理・英）と呼ばれる教科では，定着を図るために日頃から宿題が出され，6時間授業の日であれば最大5種類の宿題が出される場合があって，放課後，保護者から「何で中学校はこんなにも宿題が多いのですか？」「子どもは疲れ切っていますよ！」とお叱りの電話が入るわけです。このことが，不登校の原因になることも現場ではしばしばみ

られます。

　さらには，担任はその日の宿題の量を知らないことが多く，保護者の怒りを増幅させてしまいます。予め，学校，あるいは学年としての「宿題の出し方」や「宿題の意味・必要性」等を共通理解しておかないと，担任は謝ることしかできません。最近では宿題を廃止している学校もあります。単純作業になりがちな宿題の多さが，中１ギャップにつながることもあります。

５ 不登校生徒の保護者を励ます

　不登校傾向のある生徒の保護者は，多くの場合「どうして学校に行けないのだろう？」「どうしてうちの子が？」という，行き場のない悩みを抱えているように感じます。そして，子どもが学校に行くことができるよう，様々な配慮・努力をなさっています。

　しかしながら，それを誰にもほめられることもなく，場合によっては，他の保護者や地域の方から子どもが学校に行けないことを責められているように感じてしまうこともあります。もちろん，教師の立場として，登校を促す声かけや働きかけも大切ですが，まず保護者の方の努力に教師が気づいていることを，しっかりと伝えることが重要だと思います。

　教師は生徒が学校に来ることを当たり前だと思いがちですが，不登校傾向のある生徒にとってはとても勇気のいる行動です。その背後には保護者の働きかけがあります。生徒の努力を認めることはもちろんですが，電話連絡等のときに，「お母様の働きかけで〇〇さんが学校に来ることができたのだと思います。ありがとうございます」などの一声があれば，保護者も自身の行動に自信がもてますし，子どもの足が学校から遠のいたときにも，さらに様々な働きかけをしてくれるようになります。

６ 保護者の気持ちを汲んで信頼を生む

　私が経験した事例を１つご紹介します。学級の中で，給食を見ておいしそうだと思うし，お腹も空いているのに，なぜかはわかりませんが，食べ始めるとお腹がいっぱいになり吐きそうになる，という生徒がいました。保護者はその状況をとても心配し，栄養食品のゼリーをもっていかせたいという相談がありました。本人は，保護者に「その必要はない」と言っていましたし，病気ではないのですからそこまでは…という思いもありましたが，まずはその相談を受け入れることにしました。保護者の心配に寄り添ったのです。幸い，その生徒は栄養食品を口にすることはなく，徐々に給食も食べることができるようになりました。

　保護者の気持ちを汲み，栄養食品持参を認めたことで，保護者を安心させ，信頼を生んだ事例です。

（小山内　仁）

生徒指導コラム

「魔の6月」がやってきた

緊張感と様子見が終わる時期・6月

「魔の6月」という言葉をご存知でしょうか。

4月は生徒たちもイキイキとしていたのに，なんだかダレてきてしまう，授業中に私語が増える…そんな様子が見えやすくなるのが6月なのです。

まず，あいさつや返事に覇気がなくなることがあげられます。学級全体に元気がない。やる気がない。しかも梅雨の時期に入り，空気とともに，ジメジメした雰囲気になっています。教師自身も，なんだかやる気が出ないのではないのでしょうか。

そんな時期だからこそ，意識していないと気づかない「ほころび」が随所で見え始めます。そのような時期には，まずは教師自身がしっかりと元気よくあいさつや返事をし，子どもたちの先頭を切っていきたいものです。

私は最初の保護者懇談会で，自己紹介の後に保護者に向けて必ず「1年後必ず，この担任でよかったと言わせてみせます」と，担任としての力強い覚悟を表明します。

多くの保護者は一気に目が吊り上がりますが，それ以上は何もありません。帰宅後に，お互いの保護者間で「何，あの担任。最悪ね」なんてことを言い合っているかもしれませんが…。だからこそ，覚悟を宣言した後からは，生徒との格闘が始まります。次は，文豪・山本有三の言葉です。

「学校ってものは，からだとからだのぶつかり合うところだ。先生の魂と生徒の魂が触れ合う道場だ。それではじめて，生徒は何ものかを体得するのだ。一生忘れないものを身に付けるのだ」（山本有三『路傍の石』より）

慣れてきたこの時期だからこそ

慣れてきたこの時期，いじめ等の問題が多発する可能性があります。もちろん，いじめ等に関しては新学期から目を光らせて対応していることと思います。しかし，これだけは特にこの時期に意識してもらいたいということがあります。それは悪口です。

たった1つの悪口を見逃してしまうと，子どもたちは一気にその悪い波に乗ってしまいます。それを見逃したことで，後になってどんどん肥大化し，いじめの連鎖が始まります。こんな子

までと疑いたくなるような事態に発展しますので要注意です。

　その１つの悪口の見逃しが，子どもたちに「言っても問題ない」という考えをもたせてしまい，「この程度なら，この先生は怒らない」というラインを引かせてしまうのです。そのときの教師の対応を子どもたちはしっかり見ています。その対応，その言動を見た上で彼らは行動しているのです。だからこそ，教師としてぶれない指導をしてください。

地域とともにある学校へ

　都市化が進行するにつれて，地域住民の連帯感や地域活動に対する関心が薄れ，子どもが子ども同士の集団を形成する機会が少なくなっています。地域社会や家族構成の変化に伴い，これまで学校・家庭・地域が果たしてきた教育の役割分担が大きく変貌しています。

　私たちが子どものころは，地域で何か悪さをすると，近所のおじさんが子どもを叱ってくれました。叱り方も絶妙なタイミングでした。また，直接叱らなくても，何か悪いことをすれば，「○○さんの家の子が，こんな悪さをしていた」という情報が回り，それが親の耳に入ることになり，結果として叱られるわけです。

　誰もが顔見知りであるため，あいさつを交わす機会も，現在と比べると格段に多くありました。顔があえばあいさつをするということが当たり前の感覚として育っていたのです。「近所に対して恥ずかしい」「近所に迷惑がかかる」という気持ちも大きく，それが人々の行動を規制する効果もありました。

　地域連携が強かった頃には，日常生活のあらゆる場面で，子どもたちが人との関わり方や，社会生活を送るうえで必要なきまりを学ぶことができました。しかし，地域社会に対する愛着や帰属意識は年々薄れる傾向にあります。**子どもは学校と家庭だけで育つわけではありません。社会性の獲得には，地域社会の教育力によるところが大きいのです。だからこそ，学校が地域と子どもとの懸け橋にならなくてはなりません。**地域人材や地域教材を積極的に発掘し，子どもの学習に活用したり，放課後活動を支援したりする必要があります。地域と子どもをつなぐことができるのは，今や学校しかないと言っても過言ではありません。

（小山内　仁）

疲労の色濃い６・７月

疲れが顕在化する中学校１年生の１学期

　中学校１年生，特に６・７月は，生徒の顔に疲れが見え始める時期です。体調を崩す，居眠りをする…など，疲れの兆候がそこかしこに表れ始めます。その疲れの原因は様々ありますが，やはり**一番の原因は小学校から中学校へと環境が大きく変わること**にあるように思います。「中１ギャップ」という言葉がありますが，小学校と中学校の環境の違いについていけず，疲労感を隠せない生徒は，少なくありません。

学習面での変化

　小学校から中学校にあがり，勉強内容の高度化に加え，中学校での授業のスピードについていけないと感じる生徒も多いようです。

　また，中学校では定期テストがあり，定期テストで順位がつくこと自体にストレスを感じる生徒も多く見られます。また，テスト時には，テスト勉強のための課題が課されます。テスト週間を使ってその課題を消化するには，ある程度の計画性が必要になります。しかし，その計画を立てられず，期日までに課題を終わらせることができない生徒が見られます。

　このように，**小学校時代の学習方法では対応できないことが多々あり，そのギャップについていけない生徒**が出てくるのです。

生活面での変化

　小学校時代に比べて，生活面も大きく変化します。

　中学校では，自分とは別の小学校出身の生徒も当然いますので，新しい人間関係をつくっていかなくてはなりません。また，友人関係だけではなく，担任以外の先生との関係や，先輩・後輩の関係など，人間関係もより複雑化していきます。その**新たな関係づくりの中で，ストレスを感じ，疲弊してしまう生徒**も少なくありません。

　また，仮入部の期間が終わり，部活動の練習が本格化するのもこの時期です。６・７月になると，日没の時刻が遅くなり，必然的に部活動の時間も長くなります。小学校時代は，下校後

自由に遊んでいたものが，中学校にあがると部活動でそれどころではなくなります。**肉体的な疲労はもちろん，自由な時間が減ることによって，精神的な疲労もため込んでいくことが多い**ようです。

　さらに，最近は塾に通う生徒が増えてきました。塾に行っている生徒の生活を聞いてみると，さらに多忙であることがわかります。下校後すぐに夕飯を食べ，塾に行き，塾から帰ってきた後は学校の宿題をやり…。大人でも目が回ってしまいそうなスケジュールをこなしている子もいます。**体力もまだ十分とはいえない時期，時間に追われる生活にうまく適応できず，疲れてしまうのです。**

疲れのサインはどこに出るか

　疲れのサインは様々なところに出ます。

　疲れた表情をする，体調を崩すなど，**身体的なものに表れる場合はわかりやすいのですが，注意しなくてはならないのは行動に表れる場合です。**例えば，授業に集中できずにぼーっとしてしまう，居眠りをしてしまう，宿題や課題を出さないなどの兆候が表れることがあります。もちろん，中学校生活に慣れ，油断の気持ちが生まれ，そのような行動をとることもあります。しかし，中には，中学校生活にうまく適応できていないことが原因の場合もあるので，注意が必要です。

生徒・保護者とのコミュニケーションが大切

　生徒が抱える疲労に関しては，生活を続けていくことで自然と解決するものもあります。例えば，体の成長がそれにあたります。中学校での生活に慣れ，十分な体力がついてくると，疲れの度合いも軽くなってきます。

　しかし，精神的な疲労は，そのまま放置しても解決しません。**生徒のサインを見逃さず，生徒が何につまずいて，疲労を感じているのかを共有することが大切です。**中には，何が原因でストレスをためているのか，自分でもよくわかっていないという生徒もいます。すぐに解決とはいかなくても，話を聞いてもらうだけでも安心できる場合もあります。この時期は特に，アンテナを高くして，生徒の様子を見るようにしましょう。

　また，個人懇談など，**保護者の方と話す機会も大変重要です。**家庭での話から，生徒の悩み，ストレスや疲労の具合などがわかることが多くあるからです。教師だけでなく，保護者にも協力してもらい，生徒を多面的にサポートすることが大切です。

（野間　美和）

1 学期の通知表文例集

学習に対する興味・関心の高い生徒

> どの授業にも目を輝かせ，いきいきとした表情で取り組んでいます。いつも課題意識をもって，前向きな姿勢で学習することができます。自分の意見を積極的に発信しつつ，級友の意見も取り入れながら考えを深めることができました。

　所見では，保護者の方が普段見ることのできない生徒のよさを伝えることが大切です。授業で輝いている生徒は，その表情や発言内容などをしっかりと見取り，具体的に表記することを心掛けましょう。

ノートの取り組みをがんばっている生徒

> 学習ノートのまとめ方が非常にすばらしいです。自分で調べたことや自分の考え，授業でわかったことや次に調べたいことなどを明確に整理できています。これを積み重ねることで学力向上につながります。ぜひ，継続しましょう。

　自分の学びを客観的に把握することは，主体的に学びに向かう姿を養う上で欠かせません。学びの振り返りを自分の言葉でまとめることができている生徒には，具体的な記述を取り上げて評価し，さらにメタ認知力を高めさせましょう。

わからないことを「わからない」と言える生徒

> わからないところをそのままにせず，「わからない」と言葉にすることで，他の生徒が考えを深めるきっかけになり，授業が活性化しました。積極的に質問をするなど，できるようになろうとする姿勢が大変すばらしいです。

　学習理解度が低い生徒には，わからないことをそのままにしないという姿勢をもたせること

が大切です。わからないことを素直にわからないと言える生徒の存在は，深い学び合いを実現するために貴重であり，高く評価すべき点です。

話し手を見ながら聞くことができている生徒

話し手をしっかりと見ながら最後まで話を聞くことができます。その結果，友達の発言の真意や価値をしっかりと把握して，それを取り入れたり，自分の意見と関連づけて考えを深めたりすることができました。

学級経営の1つとして，話し方・聞き方の指導をぜひ大切にしてください。特に，聞く力は学力そのものであると言っても過言ではありません。聞き方がよくなればそれに対する発言の質も高まり，その生徒の理解度が深まるばかりか，学級全員の学習の深化に寄与することにもつながります。

丁寧な言葉づかいで話せる生徒

誰に対しても丁寧な言葉づかいで話すことができるので，級友と信頼関係を築くことができています。特に，毎朝のしっかりとしたあいさつは友達に心地よい印象を与えています。これらも言葉づかいを磨いて，よいお手本となってほしいと思います。

よりよい人間関係づくりの基本は言葉づかいにあります。丁寧な言葉づかいが習慣化している生徒をほめることで，他の生徒に広めていくことが大切です。

また，元気なあいさつは担任の映し鏡だと言います。担任自身が教室に一番に入り，元気なあいさつとともに生徒を迎え入れたり，丁寧な言葉づかいで接したりすることを習慣化すれば，生徒にとってもそれが当たり前となってきます。

学習理解度は低いができるように努力している生徒

苦手としている学習にも諦めずに挑戦することができます。練習を続けることで，だんだんと苦手を克服し，自信をもてるようになってきました。毎日練習を続けようとする姿勢や習慣が大切です。これからも努力を続けてほしいと思います。

学習が苦手な生徒はどの学級にもいます。そばに寄り添い，質問を聞いたり答えたりする関係づくりを心がけて成長を見守ることが大切です。また，基礎問題をわかりやすく解説し，反

復練習させましょう。そして，何よりも努力したことそのものをほめましょう。結果に表れなくとも学びを諦めずに努力する習慣は，社会に出てから必ず役に立ちます。

優しい声かけのできる生徒

　　誰に対しても思いやりの気持ちをもち，学級の仲間が困っていると優しく声をかけることができます。また，周囲の状況を判断して，自分にできることはすぐに行動に移すことができます。そのため，級友からの信頼が厚く，頼られる存在です。

　学級の人間関係を円滑に保つためには，相手を思いやる心を育てることが大切です。そのための手段として，例えば，帰りの会で感謝を伝える時間をもつと効果的です。個々の生徒のよい行いをたくさん知るだけでなく，どのような行いが級友に受け入れられるのかを互いに知ることができるため，ますます善行が増えていきます。

気づいたことを率先して行うことができる生徒

　　係の活動を進んで行うだけでなく，自分の活動が終わると友達の活動を手伝うことができます。また，手洗い場の掃除では，みんなが雑巾の片付けを全て終わるまで待ってから仕上げをするなど，周囲の状況に合わせて工夫しながら取り組む姿が見られました。

　自分の活動以上のことをした生徒がいたら，すかさずほめたいですね。こうした行為を見逃さず価値づけることで，指示待ちでなく，主体的に行動する生徒が増えていきます。最低限のことしかできない学級から，プラスアルファを率先してできる学級に変えていくために，教師の観察眼を磨きましょう。

これといって取り柄がないが，決められたことにはまじめに取り組む生徒

　　日直のときは，朝の会や帰りの会できちんと司会をすることができました。しっかりとした進行のおかげで，みんな気持ちよく参加できました。

　学習もダメ，運動もダメという生徒にも，活躍の場を与えることは大切です。そういう生徒には，例えば，日常的に取り組める日直活動をがんばらせてみてはどうでしょう。日直カードを準備するなど不安なく取り組めるシステムをつくります。当該生徒が日直の日には，あらかじめ机に日直カードを貼っておくなど，担任として支援をしましょう。

（竹野　正純）

夏休み明けの
学級引き締め
＆盛り上げ術

夏休み明けの学級引き締め術

❶ 教室環境をリニューアルする

　始業式の前日までに，1年間掲示しておくもの以外は剥がし，新しい掲示物に貼り替えておきます。特に，破れたり色褪せたりしたものは絶対に掲示したままにしておいてはいけません。また，椅子やロッカーに貼ってある名前シールで剥がれかかっているものは，新しく貼り替えておきます。教室の隅々まで掃除しておくことはもちろんですが，小さな部分にも気を配り，新しい生活が始まるという「空気」をつくっておきます。その「空気」を感じさせることが学級引き締めの第一歩です。

　当日の朝には，窓を開け，空気を入れ換えておきます。黒板には，前向きなメッセージを書いておきましょう。

　生徒は，がんばりたい，自分を変えたいなど，新学期は特にやる気に満ちています。その気持ちを後押しできるよう，新しい「空気」でいっぱいにしておきましょう。

2 校門で全員の表情をチェック・声かけする

校門での朝の登校指導では，教師から元気にあいさつをしましょう。あいさつを返さない生徒には，「○○くん，おはようございます」と名前で呼びかけるのも効果的です。

夏休み明けの新学期には，ぜひあいさつプラス【一言】でコミュニケーションをとりましょう。「眠たそうだね」でも「日に焼けたね」でもいいでしょう。

コツは，相手の変化を見つけることです。

身長や髪型，体調など，そのプラス【一言】によって，自分に興味をもってくれているんだ，という気持ちにさせることができます。その気持ちが学級・学校への所属感につながり，学級が安定する土台となります。

3 行事への期待を膨らませる

1年の2学期は，自らの手で行事をつくっていく時期です。体育祭，文化祭，合唱コンクールなど，行事が目白押しの学校もあることでしょう。

1年のときに，行事を自分たちの手でつくる経験をした生徒は，学年が変わっても活躍できます。実行委員などの目立つ役割だけでなく，誰もが何らかの形で行事に関わることができるようにしたいものです。

自らつくる行事の意味について考えさせます。小学校のときは，担任の指示に従って動いてきた経験がほとんどだと思います。ダンスなどの表現運動を自分たちで考えることや，生徒会が考える種目があることなどの具体例をあげて生徒の期待を膨らませ，行事への意欲を高めていきます。

④ 校長講話や生徒指導主事の言葉を担任の言葉で伝える

　始業式や集会での校長講話や生徒指導主事の話，学年集会での学年主任などの話は必ずメモしましょう。そして，自分なりに噛み砕き，自分の言葉で学級の生徒に話しましょう。校長先生も言っていたし担任も言っている内容というのは，生徒にとってとても説得力のあるものとなります。

　最初は，「生活リズムを整えること」「行事に向けて協力すること」が話の中心になると思います。行事を通してどのような集団に成長してほしいか，担任として生徒にわかりやすい言葉で伝えられるといいですね。

⑤ チャイムに従った生活を改めて徹底する

　チャイムが鳴った瞬間，級長が号令をかけることを改めて徹底しましょう。学校によっては○分前着席などのルールがあると思います。もちろん○分前着席の指導は大切ですが，学級によっては指導がうまくいかないことがあります。

　しかし，チャイムが鳴った瞬間に号令をかけることは，担任や教科担任の意識だけで行うことができます。仮に着席できていない生徒がいても，号令がかかれば生徒たちは着席するでしょう。

　○分前着席にしてもチャイムが鳴った瞬間の号令にしても，継続すれば，リーダーが自ら行ってくれます。あるいは，リーダーに対してアイコンタクトをするだけで行うようになります。学級のリーダーを中心に学級を引き締めていくことが理想です。

⑥ 学級の仕事の再確認をする

　日直や掃除当番，給食当番，係，学級委員の仕事などを，４月のように１つずつ丁寧に確認しましょう。１日の仕事のチェックシートを工夫すると，仕事の取り組み具合を担任が確認することができます。

　また，朝のうちに１日の仕事を板書しておくと，生徒が見通しをもって取り組めるだけでなく，担任も見通しをもつことができます。

　仕事を終えた生徒が達成感を味わえるように，仕事の取り組みに対する言葉かけや，チェックシートにメッセージを書いておくなどの心づかいも大切です。

❼ テストで引き締める

　9月の最初にあるテストは，学級を引き締める絶好のチャンス。まずは，2学期に学習面でいいスタートを切らせることです。

　新学期，ほとんどの生徒は学習をがんばろうという気持ちをもっています。その気持ちを言葉かけや黒板のメッセージなどで継続させます。短くてもよいので自習の時間や教え合いの時間をとり，担任が応援しているという姿を見せましょう。

　テストの時間には，学級が静まり，集中した雰囲気になります。その空気が夏休みと新学期の気持ちの切り替えを助けます。

❽ 不登校の生徒をつくらないために

　1学期に欠席が多かった生徒は，夏休みという長い休みで生活がさらに乱れ，2学期から不登校に陥ってしまうおそれがあります。そこで，2学期からの学校生活のリズムを早く取り戻させるために，夏休みも規則正しい生活ができるよう電話などで保護者へ協力を呼びかけます。

　担任から「会うのを楽しみにしているよ」と伝えることで，その生徒にとって学校に居場所があるのだと思ってほしいです。

　また，夏休みの課題については，プレッシャーがかからないように個に応じて配慮しましょう。

❾ 提出物はやりきらせる

　夏休みの課題がたまってしまい，そのことを重荷に感じながら登校する生徒は少なくありません。9月の1週目は，夏休みの課題提出期間にするなどして，残った課題を落ち着いて終わらせるように言葉かけをします。夏休みで充電した力を発揮していこうというスタンスで前向きに取り組ませたいものです。

　どうしても課題提出が困難な生徒もいると思います。そのような生徒とは，個別でどこまで終わらせるかを約束します。「夏休みの課題をやらなかった」よりも「決めた分はやれた」という達成感を味わわせたいものです。

　もちろん，課題提出の個別チェック表などを用いて，がんばって終わらせた生徒にもほめる言葉をかけ，達成感を味わわせましょう。

（林　　雄一）

夏休み明けの
学級盛り上げ術

① 「絆」を深め，「絆」を考える

　2学期は1年間で最も長い学期です。また，体育祭や合唱祭といった大きな行事を通して，生徒が学級で団結し，成長できる学期だと思います。そこで，2学期の始まりに際しては，「絆」について考えさせることが大切です。

　2学期最初の学級活動を利用して，3分間の夏休みの思い出トークショーをグループで行います。実は同じところに旅行していたことや，同じ経験をしていたことがわかるなど，生徒同士で共感できる関係を築くことができます。

　さらに，道徳の時間を利用して，「絆」について小集団で意見を深める活動を取り入れていくことで，2学期の行事や学級での活動に一致団結して取り組む姿勢を高めていくことができます。

② 担任からの熱いメッセージ

　担任の熱い思いをぜひ生徒に伝えてください。2学期には，生徒に「どのように成長してほしいのか」，学級として「どのように行事に向かっていってほしいのか」というメッセージを何度も書き，朝の会・帰りの会などで熱く語ります。担任の思いを伝え，生徒の成長を期待し，前向きに級友と共に高め合っていける雰囲気をつくり出していくことが重要です。その話の中に，生徒たちの生活日記や目標を書いた用紙の言葉を引用するなど，教師だけでなく級友もこのように思っているということを伝えていくと，さらに学級がひとつになり，行事や学校生活に向け気持ちを高めることができます。

③ 小学校と中学校の行事の違いを意識させる

　1年生は，中学校では行事の何がどのように変わるのかということはあまり理解できていません。

　運動会が体育祭に，学芸会・作品展示会が文化祭・合唱祭に名前が変わるだけで，「自分たちがすることは変わらないのでは…」と思っているはずです。

　そこで，小学校と中学校の違いをしっかりと伝えておくことが大切になります。

　例えば体育祭の応援合戦では，3年生の実行委員が中心となって考えた内容を，学年の枠を超えて自分たちでアレンジしながらつくりあげていくことなど，小学校との取り組み方の違いを伝えることで，中学生として行事にどのように向き合っていくのかを意識させることができると思います。

　中学生の行事は，「自分たちが主役」であることを強調していくことが重要です。

❹ 学級目標を達成しよう

　2学期の始まりは，4月に自分たちで決めた学級目標を振り返るよい機会です。自分たちの学級は，どのようにしたら2学期に学級目標を達成することができるのかを考えさせます。

　そして，グループや学級全体で考えを共有することで，2学期の活動や行事への取り組みに向けての共通の目標を意識させることができます。

　特に2学期は，体育祭や合唱祭といった学校行事が多いため，学級全体が一体感をもって，学校生活を送り，学校行事に取り組むことができる雰囲気づくりをすることが大切です。そのために，自分たちで決めた目標を再確認し，その目標を達成するためにどのようにしていけばよいかを学級全体で考えさせることが必要だと思います。

（湯浅　良将）

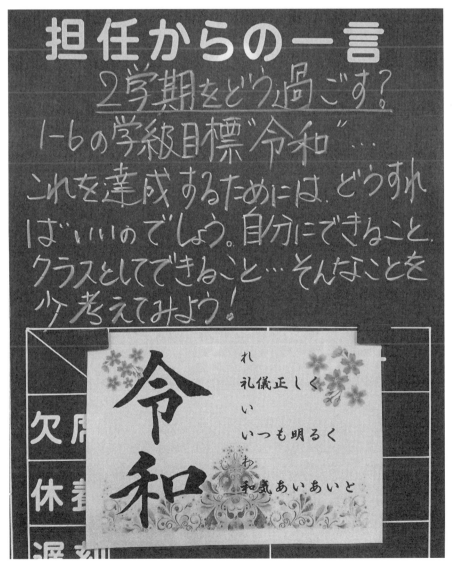

夏休みボケを吹き飛ばす

２学期初日の鉄板トークネタ

❶ おかえり，今日からまた，みんなで

話し始める前に

　夏休み明け，１学期に築きあげた人間関係も，長期休み後となると，少し距離を感じてしまったり，なぜか緊張感が漂ってしまったりすることがあります。

　そのような夏休み明けの初日，「おかえり，今日からまた，みんなで」という言葉をキーワードに伝えます。久しぶりに，あったかい家のような場所に，家族のような集団の中に戻ってきたんだ，という気持ちにさせて，教室に安心感をあふれさせましょう。

鉄板トークネタ

笑顔で全体に向けて，優しい声で語りかけます。

　おはようございます，そして，おかえりなさい。
　やっぱり，みんなの集まる教室は最高です。みんなの笑顔や元気な声が戻ってきて，先生はうれしいです。今日からまたみんなで，この教室で，あったかく，居心地のよい学級をつくりあげていきましょう。
　さて，隣の子に目を向けてみてください。どうですか？夏休みの40日間会わなかっただけで，成長したな，と感じませんか？　真っ黒に日焼けした人，身長がググッと伸びた人，なんだか顔つきがきりっとした人，それぞれが充実した33通りの夏休みを送って今日のスタートを迎えたのだと思います。中には，怠けてしまったり，ぐーたらしてしまったりしたこともあったでしょう。しかし，今日からのスタートラインは同じです。
　１年の中で最も成長できるのは，２学期です。行事が充実していて，期間が最も長い，そして過ごしやすくて勉強や運動などに打ち込みやすいからです。この２学期が終わるとき，夏休み明けとは比べものにならないくらいの大きな成長を遂げましょう。

（田中友二郎）

❷ みんなで２学期の計画表を作成しよう！

話し始める前に

「もう夏休みが終わってしまう…」大人の私たちでさえ，夏休みの最終週はなんとなく気持ちが暗くなる人がいるのではないでしょうか。生徒の中にも同じ気持ちになっている子がいるはずです。２学期初日は，そんな生徒の気持ちを少しずつプラスへと高めていく活動を行う中で，２学期に向けた話をゆっくり語ることをおすすめします。

鉄板トークネタ

生徒の目を見て，笑顔でゆっくり落ち着いたトーンで話します。

中学生として初めての夏休みが終了しましたね。小学校と違う所はありましたか？（数名に聞いてもよい）いよいよ２学期がスタートします。「あーあ，始まってしまうなぁ」と思っている人はいますか？　実は私も一緒です。ゆっくり１週間ぐらいかけて，一緒にリズムを取り戻していきましょう。今日は，中学校の２学期にどんなことが待っているか，２学期の計画を立てながら知りましょう。

２学期の主な行事が空白の年間計画表を配付し，空白に入る行事が書かれたカードを黒板に貼ります。

４人グループで，どの空白にどのカードが入るかを考え，プリントに書き込んでいきましょう。カードに書かれている漢字が読めない人や，活動内容が全く想像できない人はいますか？（学校独自の行事については，質問がなくても補足説明するとよい）

制限時間は10分です。それでは，グループになって考えましょう。

（活動が停滞しているグループがあれば，声かけをする）

答え合わせをしましょう（空白に何を入れたのかをリズムよく聞きながら，楽しく答え合わせをしていく）。これらの行事の中で，あなたが楽しみだと思うベスト３は何ですか。先輩たちの多くは，２学期が一番充実していたと言います。たくさんの行事や毎日の生活の中で，みんながどんな風に成長していくか，私は本当に楽しみです。まだまだ暑い日が続くけれど，一緒にゆっくりがんばっていきましょう。

（久保美也子）

3 再スタートの不安を安心に変える

話し始める前に

　２学期の初日。生徒たちは久しぶりの登校で夏休みの話で盛り上がりますが，同時に仲間関係が変化しているのではないかという漠然とした不安で，緊張しています。

　この緊張感が解消されずに続いていくと「１学期は楽しかったのに…」というつぶやきが２学期中旬に聞こえてくるようになります。初日に，この不安と緊張感を解消しておくことは，２学期の学級経営をする上で重要です。１学期の安心感を生徒に思い起こさせて，不安を解消しましょう。

鉄板トークネタ

　朝のあいさつで，声が小さくてもやり直しはしません。気づかせる指導ができるチャンスです。はっきりした声であいさつし，凛とした姿勢の生徒を見つけて紹介します。

> 　Ａさんのあいさつと表情から，２学期もがんばろうという気持ちが伝わってきました。朝の素敵なあいさつがこの学級にあって，私はうれしいと同時に安心しています。

　価値ある姿を具体的に示し，１学期の安心感が続くことを印象づけます。

> 　安心した理由は，入学式を思い出したからです。緊張しながらも，一生懸命に話を聞き，返事をし，笑顔であいさつして１日を終えた入学式。あの日から君たちが「相手」を大事にする学級を目指しました。それが，今の聞く姿勢や隙間のない机の並び方，うなずきながら話を聞く姿になっています。２学期の初日にも，この学級らしいよさに安心しました。

　この後のあいさつは大きな声になっています。あいさつが最初よりレベルアップしたことを必ず生徒たちに伝えましょう。自分たちはレベルアップできるんだという実感は，不安を自信に変えます。

（髙田　佳和）

106

8章

秋の行事指導の
ポイント＆
アイデア

「合唱コンクール」
指導のポイント＆アイデア

「合唱コンクール」指導のポイント

✔ **音源を準備する**

　範唱・伴奏・各パートなどの音源を確保しておきましょう。加えて，ボイストレーニングなどの音源も入れておくと役立ちます。CD なら必要な枚数を準備するだけでなく，「欲しい子はとりにおいで」と言えるだけ準備をして，生徒のやる気を引き出します。

✔ **楽譜を準備する**

　楽譜は，予め注意点を少し書いておいたり，音楽記号を強調しておいたりしてから印刷すると効果的です。楽譜だけでなく，歌詞だけのページやメモページなどもつくっておくと，活用の幅が広がります。表紙絵は生徒に募集をかけるとよいでしょう。

✔ **練習できる時間を確認しておく**

　事前に，合唱の練習にかけられる時間が何時間あるのかを確認します。全体的な視野で計画を立て，1時間ごとの練習計画や到達度を考えます。教師が全体を見通したデザインをもって，生徒たちに計画を立てさせていかないと指導がうまくいきません。

✔ **指揮者・伴奏者・パートリーダーを組織する**

　音楽科の教師のアドバイスを受けながら，学級の生徒の特技や長所なども鑑みて，募集をかけます。立候補の状況によっては直接声をかけたり，他の教師に協力をお願いして背中を押してもらったりしましょう。

✔ **各パートの練習場所を確認する**

　いざ合唱練習が始まってから，「どこで練習するの？」という声を聞くことがあります。その前に，教師が各パートの教室や割り当てられている活動場所の中のどこで練習をしたら最もよい環境になるのか，確認しておきましょう。

✔ **細かい道具にも活用の仕方をデザインしておく**

　例えば，CD デッキ，スピーカー，キーボードのペダル，IC レコーダーなどの録音機，ビデオカメラを使うイメージはありますか？　その使い道と，学校の合唱コンクール練習の決めごとに沿って，準備をしましょう。

「合唱コンクール」指導のアイデア

① 鍵盤ハーモニカを活用する

　合唱において，各パートでの音とりは最重要課題です。そして，学級の生徒がはじめに向き

合わなければいけない壁でもあ
ります。学級の中で，音とりが
苦手な子はいませんか？　しか
し，電子ピアノは1つ。あとは
CDデッキ…。そんなときは，
鍵盤ハーモニカを活用します。
小学生のころに使っていた鍵盤
ハーモニカが眠っているはずで
す。気軽に音の確認ができます。
また，苦手な子に寄り添うとい
う意味でも，その役を果たして
くれます。

② ギター演奏を加えて練習する

　楽しく歌うことが一番です。どうしたら生徒たちが楽しく歌うことができるでしょうか。そ
んなときは，いつもと違った楽器で歌ってみてはいかがでしょうか。生徒の表情は一気に明る

くなります。時には，伴
奏とコラボレーションし
ながらギターを弾き，み
んなで学級の生徒と合唱
します。ギターが弾けな
くても大丈夫です。タン
バリンなどを使ってリズ
ムをとってあげても，き
っと楽しくなりますよ。

③ 円を大切にする

　円をつくる活動で様々なことが見えます。自分から円に入るという行動には，仲間に加わろうとする，練習に参加する意思が込められています。仲間を円に入れてあげることで，思いやりの心をつくることができます。格段に雰囲気がよくなります。一人ひとりが安心して練習に向き合うようになります。

　しかしながら，円をつくらせることは難しいです。生徒に円をつくることの価値をしっかりと伝えましょう。合唱シーズン前に，円をつくる練習をするだけで，十分学級経営に生かすことができます。

④ 伴奏者を生かす

　パート練習は，伴奏者がピアノやキーボードで音をとってくれるのが一番の練習方法だと思います。しかし，伴奏者は１人です。そんな貴重な伴奏者は，いつ，どのパートで一緒に練習をするのか，決めていますか？　練習回数から逆算して，伴奏者の練習場所をローテーションさせましょう。

　それぞれのパートには，パートリーダーのような存在がいるかもしれません。しかし，練習の際には，伴奏者にもたくさんアドバイスをさせ，責任感ややりがいをもたせましょう。そして，合唱コンクールが終わった後には，伴奏者・指揮者へ感謝を伝える機会などを設けて，労をねぎらいましょう。優しさ溢れる学級になります。

5 体育大会の振り返りを活用する

行事を重ねるごとに成長があればよいのです。合唱コンクールより前にも行事を経験し、振り返りも行っているはずです。そのときの学級の雰囲気に応じて、もう一度あらためて紹介してみてはいかがでしょうか。「こんなに素敵な時間を過ごしていたよね。さぁ、もう一度…」、「あのときは悔しかったよね。こんな風に書いていたじゃないか。今度はみんなで乗り越えよう」。そんな風に語りながら、生徒のモチベーションをあげていきます。自分たちのリアルな体験や気持ちです。説得力があります。

6 掲示物で雰囲気をつくる

掲示物は学級づくりにおいて大切な要素です。例えば、歌詞の中にある具体的な場面を表現してもよし、抽象的な合唱曲なら、歌詞をイメージ化してみるもよしです。写真は「秋祭り」を歌った際に作った掲示物です。歌詞に出てくる金魚やたこ焼きなどをつくりました。そこに「合唱コンクールで自分ががんばること」や「学級の仲間へのメッセージ」などを書かせて掲示すると更に味が出ます。

教室は毎日見る景色。自分たちの環境を合唱色に染めていくことで、みんなで合唱に集中していきます。

（武田　慎平）

「ゲストを招く行事」
指導のポイント＆アイデア

「ゲストを招く行事」指導のポイント

✔ゲストを招く理由をしっかり伝える

学年行事としてゲストを招いて話を聞くことがあります。その際に，どのような理由で，そのゲストに来ていただくのかが学年全体に伝わっていないときがあります。生徒へどのように伝えるかの共有化を学年部会などで図っておきましょう。

✔ゲストのプロフィール掲示を作成する

せっかくゲストを迎えるわけです。ゲストのプロフィールを口頭で伝えるだけではなく，生徒の関心を呼ぶように，ゲストの許可を得て写真やプロフィールを掲示したり，ホームページなどで紹介したりするとよいでしょう。

✔ゲストを招いての行事感想用紙を用意する

ゲストに生徒の感想を届けると大変喜ばれます。そのためには，あらかじめ感想用紙を準備しておくとよいでしょう。感想をたくさん書くスペースをつくっておくのは避けましょう。少なめの方が，感想を書く生徒にとっても，読むゲストにとっても助かります。

✔ゲストへのお礼は生徒の言葉でする

中学生ですから，原稿をあらかじめ作成させておかなくても，お礼の言葉を言ってもらいますよ，と伝えておくだけでよいでしょう。終了後は，お礼を述べた生徒への個別評価を忘れてはいけません。生徒をさらに育てる場面です。

✔感想交流をしてから落ちついて感想を書かせる

学年全体でゲストの話を聞いたあとは，教室に移動してから感想を書くようにプログラムを組みましょう。その際，2，3人に感想を口頭発表させてから書かせた方が，よりよい感想文が多くなります。事前に級友の感想を聞くことが刺激になるからです。

✔ゲストの感想を生徒に届ける

ゲストには，生徒の様子を見て感じられたことを聞き，それを生徒に伝えましょう。多くの学校で招かれているゲストであれば，会の進行について意見を聞いてもよいでしょう。経験に基づいた参考になる話をいただけることが多々あります。

「ゲストを招く行事」指導のアイデア

① 地元企業からゲストを招く

　地元に全国的に有名な企業があっても，生徒はあまり知りません。まさに「灯台もと暗し」です。

　「通学路沿いに大きな工場があるなあ」といった程度の認識しかないのが中学生です。

　そこで，地域への関心を高める意味でも，地元企業の方を招いて，直接，話を聞くことはとても意義深いものです。企業の概要を始め，ゲストの方がどのような気持ちで働いておられるか，中学１年生に伝えたい事柄などを話していただ

くとよいでしょう。

　なお，企業の方は中学１年生がどの程度の言葉を知っているかはご存じありません。したがって，事前打ち合わせをしっかりして，平易な言い回しや，専門用語は簡単に解説していただきたいなどの要望を伝えておくことが会の成功につながります。

② 健康安全を促すゲストを招く

　「健康安全」をねらいとした様々な行事があります。そのアイデアの１つです。

　「奏でよう　心と体の健康を　〜体を動かせば，心がおどる！〜」といったことをテーマに，ゲストを招いて講演や実習を行うのはどうでしょう。

　写真は，ゲストの方々に，動的ストレッチ，静的ストレッチ，ぐっすり眠れるストレッチのしかたを教えていただき，みんなで実際にストレッチをしている様子です。

　教師も生徒たちと一緒にしっかりストレッチし，全員で大きなかけ声を出しながら楽しく学んでいました。

　終了後は，学級で保健委員の生徒たちが中心となり，振り返りと感想交流会を行いました。

❸ いじめを受けたことがあるゲストを招く

　いじめ防止については，どの学校も大切な課題としてとらえていることでしょう。学級・学年・学校全体での講話，生徒との面接，アンケート調査など，様々な方法があります。

　その1つとして，実際にいじめを受けたことがある方を招いて，直接，話を聞くことも有効です。

　写真は，名古屋在住の漫才コンビ「オレンジ」を学校に招いたときの写真です。左側の田中さんは，中学，高校，芸人時代を通し，10年間受けてきたいじめ体験を語られました。芸人らしく笑いを交えながらも，いじめがなぜ起こるのか，どのようにそのいじめを乗り越えてきたのか，とても大切なことを生徒たちに伝えてくれました。

❹ 小児がん経験者をゲストに招く

　現在，日本人の成人の2人に1人はがんになる時代です。そのため，文部科学省は「がん教育」の必要性を周知させ，普及させようとしています。

　中学1年生でもがんという病気を十分理解できる冊子が配付されていて，基本的な知識を得

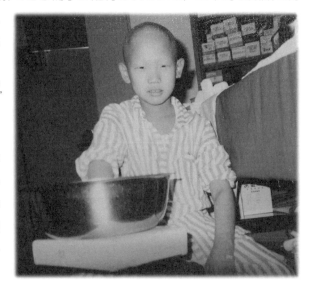

ることはできます。しかし，平穏に日常生活を送っている生徒にとっては，やはり他人事です。

　そこで，小児がん経験者をゲストに呼び，体験談を語ってもらったことがあります。

　写真は，小児がん治療中での病院での1コマです。血管注射を何本も打ち続けているため，血管が浮き出なくなり，手を温めて血管を浮き出せているところです。このような写真を生徒に提示してもらい，入院生活や治療の大変さ，がんを克服したときの喜びを伝えてもらいました。

⑤ 行政からゲストを招く

　ゲストを招こうにもなかなかそのゲストが見つからないという場合があるでしょう。

　そのときには，地元行政のサイトを検索するとよいでしょう。行政は事業の周知をすること，説明責任を果たすことが大切ですので，いくつかの派遣講座を行っている可能性があります。

　例えば，学校向けに「認知症キッズサポーター養成講座」を開いている行政があります。

　私が学校に招聘したゲストは，講座の中で「認知症ってなぁに？」ということを，中学生でもわかりやすいように，クイズや寸劇を交えて伝えてくれました。認知症役の人に声をかける体験もありました。

　生徒の感想からは，「初めて認知症のことがわかってよかった。困った人がいたら声をかけるようにしたい」「認知症の方に対する接し方を学んだ。今日学んだことをしっかり考えて行動したい」など，ゲストを招いた行事の効果を読みとることができました。

⑥ 卒業生をゲストとして招く

　学校にとって卒業生は貴重な財産の１つといってもよいでしょう。

　卒業生を学校に招き，中学校生活の話をしてもらうのは，生徒に自分の学校生活を見直させるためにとても有効です。進学説明会で，招待した卒業生から高校生活を伝えてもらう行事はよくありますが，中学１年生で卒業生を招いて行う行事は珍しく感じるかもしれません。しかも，校内に上級生がいるのだから，２年生，３年生をゲストとして話してもらえばいいのではと思う方もいるでしょう。

　しかし，大学生など，卒業してから数年経ってからの振り返りの方が，１年生には印象に残るようです。「大学生になって今思う中学１年生のころとアドバイス」などといったタイトルで卒業生に依頼することをおすすめします。　　　　　　　　　（玉置　崇）

2 学期の通知表文例集

授業中わかりやすく発言できている生徒

　発言をするときに，相手に伝わりやすい話し方を意識することができます。特に，授業の中で自分の主張や考えを伝える場面では，理由や根拠を明らかにしながら級友にわかりやすく説明することができました。

　授業を行っているとたくさんの発言を聞きます。その中でも，ただ自分の考えを話すだけではなく，考えの根拠となる部分を明らかにしながら説明できている生徒は，その発言内容や姿勢を取り上げて評価しましょう。

学習からさらなる興味・関心を広げている生徒

　学習したことの中から，興味をもった事柄について，さらに知識を深めようとしていました。図書室に出かけ，本や事典を使って調べる姿が見られました。興味・関心をきっかけに知識を広げようとする姿勢は，大変すばらしいです。

　単元末では，学習のまとめとともに，さらなる学びの広がりを意識した終わり方ができるよう心がけたいです。生徒に新たな疑問や，もっと知りたい事柄をもたせます。また，それを体現して学びを継続している生徒を見逃さないことが大切です。

授業中大きな反応を示してくれる生徒

　授業中いろいろなことに興味を示し，大きくうなずいたり，感嘆の言葉をもらしたり，とてもよい反応をしてくれます。また，その事柄で知っている知識があると積極的に手をあげて，級友に伝える姿も見られました。

　できないことはあっても，反応はよい生徒，興味・関心はもてる生徒がいます。そういう生

徒には，その反応の部分からもう一歩踏み込んで「何に興味を抱いたのか」「何に疑問をもったのか」を投げかけ，本時の学習課題へつなげていけば，発言や課題の立案としても評価することができます。

ノートを丁寧にまとめている生徒

> 　色やイラストを使い，大切なところが一目でわかるノートづくりができています。学習に対する意欲がノートづくりから感じられます。その結果，自分自身の知識も深まり学力の向上につなげることもできました。

　生徒のノートを見比べると，たくさんの工夫点があることに気づきます。その中でも，大切な事柄をメモできている場合は授業の受け方のよさを，自分の考えをしっかりと記述できている場合は深く考えるよさを評価できるとよいでしょう。

聞き方の上手な生徒

> 　友達の意見と自分の意見の何が違うのかを比べながら聞くことができています。また，疑問に思ったことはすぐに挙手をして質問することができました。友達の考えから自分の学びを深めようとするよい姿勢が見られます。

　1学期で話し手を見ながら聞くことができるようになった生徒には，比べながら聞くことを意識づけていきましょう。さらに，疑問に感じたことは積極的に質問してよいと価値づけていきたいですね。議論することで学習を深める学級を目指しましょう。

落ちつきはないが，疑問をもって学習に臨んでいる生徒

> 　好奇心旺盛で，常に疑問をもちながら学習に取り組んでいます。1つの疑問が解決するとまた別の疑問を見つけ出し，その解決に向けて一生懸命取り組む姿が見られました。飽くなき探究心をこれからも大切にしてほしいです。

　落ちつきがない生徒というのは，裏を返せば様々なことに興味があるということです。その点を上手に汲み取り，評価に繋げられるとよいでしょう。教師として，生徒のもった疑問を上手に生かしながら課題解決に向けて支援をしていきたいものです。

学習で友達を助ける場面のあった生徒

> 学習中，やり方がわからず困っている友達を見ると，解き方のヒントを優しく教えてあげるなど，常に，思いやりのある態度で友達に接しています。こうした積み重ねで周りからの信頼を得て，級友から大変慕われています。

　早く問題を解き終わった生徒への対応として，ジャンプの課題を準備しておく方法や，ミニ先生としてできていない生徒の支援に回らせる方法があると思います。後者の場合は，答えを教えに行くのではなく，解に至るまでの道筋の部分のヒントという形で助言する約束をしておくと，教える側・教えられる側双方に学びが生まれます。

学級のリーダーとして活躍した生徒

> 学級委員として，自分の考えをきちんともち，その考えのもとに発言をしたり行動したりすることができます。さらに，級友からもしっかりと意見を聞き，それを反映させた提案を行います。そのため，学級全員から信頼されるリーダーとして活躍できました。

　学級のリーダーはほめることがたくさんあることでしょう。信頼や責任感，リーダーシップの点で評価を書くことが多いと思いますが，なぜ級友から信頼されているのか，どのような点で責任を感じるか，具体例を出して記述すると，保護者に伝わる評価になるでしょう。

頑固な部分はあるが，自分の考えをしっかりもっている生徒

> 「私はこう思う」と自分の考えをはっきりと述べることができます。学級で物事を決める際には，○○さんの考えから話し合いが深まり，充実した結論につながりました。自分の考えをしっかりともち，実践していく確かな行動力は大変すばらしいです。

　頑固な面のある生徒は逆を言えば自分をしっかりともっているということです。その考えや行動を話し合いのスタートとし，学級の話し合いがどう深まり，どのような影響を与えたのかを記述すれば，ただ自分の意見を曲げなかったのではなく，話し合いの深まりに寄与したと評価する所見となるでしょう。

（竹野　正純）

9章

学級
グレードアップの
アイデア

「教室環境」
グレードアップのアイデア

① ロッカーを整頓する

　教科書が大きく，厚く，多くなったにもかかわらず，ロッカーの大きさは変わりません。だからこそ，ロッカーの整頓が重要になってきます。きちんと整頓して入れないと荷物が床に落ちたり，隣の生徒のところに入り込んだりして，見た目に美しくないだけでなく，紛失というトラブルも発生しかねません。

　そこで，荷物の入れ方を統一することで美しい環境をつくり，荷物の紛失等のトラブルを未然に防ぎましょう。具体的には，ロッカーの整理方法をまとめたプリントをラミネートして，ロッカーの近くに掲示します。ビニルテープでロッカーを区切るのも有効です。

　4月当初からロッカーの整頓のしかたを教え，朝の会の前に点検し，できていなければ整頓をしてから，できていればほめてから朝の会に入るといったこまめな指導をしていきます。点検するのは，担任でも係の生徒でもかまいません。常にこだわる姿勢を見せることが落ちついた環境づくりにつながり，ロッカーをはじめ，様々なところが美しくなります。

2 傘立ては「雨の日のＶサイン」

　傘立てに入る傘の本数は，生徒数に対してそれほど余裕があるわけではありません。だからこそ，整頓して傘を入れる必要があります。傘のボタンを留めない，斜めに入れる，指定場所に入れないといった自分勝手なことをすると，傘を紛失する，破損するといったトラブルを招きます。たくさんの生徒が使う傘立てだからこそ，きちんとルールを守って整頓して利用できるようにするための手立てが必要です。

　そこで，傘の入れ方を写真のように指導します（１本ずつ入れるタイプの傘立ては隙間なく順に入れるように指導します）。横から見るとアルファベットの「Ｖ」に見えることから，「雨の日のＶサイン」と称して指導するとよいでしょう。きちんとできていれば，間違えて他人のものを持っていくこともないですし，取り出すときにひっかかって壊れることもありません。ぜひ，学年集会や全校集会で取り上げ，全校に広めて学校の文化にするとよいでしょう。

3 授業に集中できる環境をつくる

　授業中，生徒が最も目にするものは黒板ではないでしょうか？黒板がある教室前面は，黒板以外に目がいってしまうようなものがあると，授業への集中を妨げてしまいます。教室前面（黒板周辺）にたくさんの掲示物が貼ってあったり，カラフルな掲示物が貼ってあったりすると，教室の雰囲気が落ちつかないものになるからです。

　そこで，写真のように黒板周辺には「学級目標」「学年目標」のみとします。「今月の生活目標」「今週の学習目標」「１日のめあて」「行事のスローガン」などたくさんの目標をつくり，掲示する場合があります。たくさんの目標に囲まれた生活は窮屈な気もしますが，どうしてもそのような掲示が必要な場合は，教室の側面や背面を使うとよいでしょう。

（深澤　成雄）

「掃除」
グレードアップのアイデア

① "真剣" 清掃で教室も心もピカピカに！

「無言清掃」を取り入れている学校があるといいますが，ここで紹介するのは，「しゃべる」「しゃべらない」という次元の形式的なものではなく，とことん集中して清掃に取り組もうというスタイルです。「"真剣" 清掃」では次の5つのことを実行します。

①自分の仕事をはっきりさせる　　　②会話は必要最小限にとどめる

③週ごとに目標をもつ（個人とグループ）　④週の最後にはお互いの達成度を認め合う

⑤「清掃前後のあいさつは元気よく，清掃中は笑顔で」を意識する

中学校のことを何も知らない1年生の4月にスタートし，3年計画で学校全体に定着させるのが理想です。ただ「"真剣" 清掃をやりなさい」だけでなく，清掃のメリットやねらいをきちんと話してから取り組むと効果も大きくなります。"真剣" 清掃のメリットは次の5つです。

（ア）時間いっぱい集中して取り組める→学校が美しくなる

（イ）集中することで，汚れが見えてくる→気づく心が育つ

（ウ）黙々と掃除することで，自分を見つめることができる→自問自答をして心を落ち着かせる

（エ）我慢する心や責任感が育つ

（オ）美しくなった環境に感謝する気持ちが育つ

これ以外にもあると思いますが，意義をきちんと指導し理解させることで，生徒の心にも響き，"真剣" 清掃ができるようになります。

② メリハリのある清掃時間をつくる

　"真剣"清掃を確かなものにするためには，はじめと終わりをきちんとすることが必要です。すなわち，いつからいつまでが清掃時間なのかをはっきりさせるということです。授業は，チャイムで授業と休み時間の気持ちの切り替えをします。一方，清掃は，いつからいつまでが清掃の時間なのかがはっきりしないためにダラダラとしてしまうことが考えられます。ですから，清掃時間もチャイムを鳴らしてはじめと終わりをはっきりさせれば，生徒も心を切り替えて清掃をするようになります。

　また，授業のように，はじめと終わりのあいさつを取り入れるのも有効です。分担ごとでもよいですし，学年の生徒がずらっと廊下に並んであいさつするのもよいと思います。先ほどはチャイムで区切ることを紹介しましたが，このあいさつからあいさつまでが"真剣"清掃の時間とすることもできます。

③ 「マイスペース」を明らかにして，"真剣"清掃の定着を図る

　清掃はがんばった分だけきれいになり，目で見て成果がはっきりわかるので，考え方によっては楽しい時間になるはずです。清掃の時間が友達とのおしゃべりの時間になってしまう原因の1つは，役割分担が明確になっていないことにあります。そこで，自分の掃除するべき場所（マイスペース）を明らかにしてみるのはどうでしょうか。例えば廊下清掃であれば，担当する生徒の数で均等になるように廊下を区分けします。ビニルテープなどで印をつける程度でよいと思います。このように区分けすることで，自分のするべきことが明らかになり，「隣の生徒よりもきれいにするぞ！」といった競争意識も生まれ，"真剣"清掃に近づくことが期待できます。

　清掃でも，係活動でも，何でもそうですが，自分のやるべきことが明らかにならないことには，生徒も何をしてよいのかわかりません。ただ単に「掃除をしっかりやりなさい」だけではなかなか響かないので，「マイスペース」を設けて，一人ひとりが美しくなることに喜びを感じ，楽しくできるようにしたいものです。

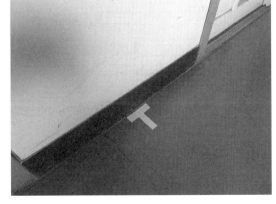

（深澤　成雄）

「日直」
グレードアップのアイデア

1 黒板は国語や道徳は上下に，他教科は左右の向きで消す

　授業の間の休み時間。日直の仕事といえば定番の「黒板消し」。次の授業，仲間のみんなが見やすい黒板になるように，そして教科担任が気持ちよく黒板を使えるように，どうきれいに美しくするか，工夫して取り組ませたいところです。

　時間をかければきれいになりますが，なかなか時間がとれないときもあります。そんなときは，次の授業が「縦書き」の授業であれば「上から下」へ，「横書き」の授業であれば「右から左」へ消します。黒板消しからチョークの粉が漏れて伸びた線が，黒板の罫線代わりとなり，教科担任はまっすぐに字を書くことができます。

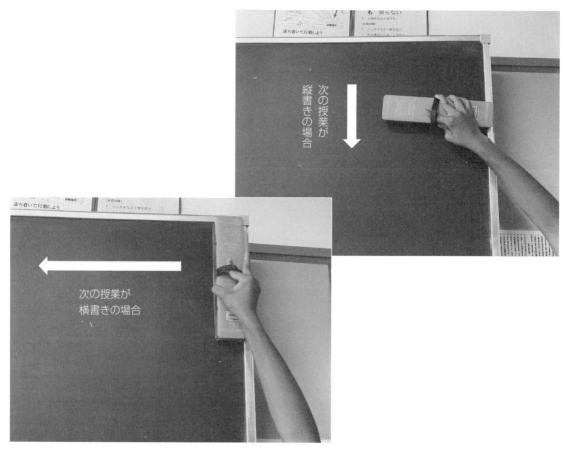

次の授業が
縦書きの場合

次の授業が
横書きの場合

2 男女2人の輪番制で回す

　日直は，1人でやるよりも2人で。そして，男子同士，女子同士のペアよりも，男女異性同士のペアで学級全員が取り組めるようにします。そうすることで，責任を仲間と2人で共有し助け合うことができます。

　また，輪番制にして全員で取り組むことで学級への帰属意識を高めることができます。

　日直になると，体育の授業の前後の休み時間はとてもあわただしくなります。着替え，移動，授業の準備…。だけど異性の生徒が着替えをしていて教室に入れない，なんてこともあります。そんなときこそ異性で協力し合い，日直の仕事をこなしていければ，ゆとりをもって授業に臨むことができます。

3 担任にインタビューをする

　仲間とともに過ごしやすい学級生活をつくる。担任や教科担任が授業をしやすくなるようにする。そのような姿勢で日直の仕事に取り組ませたいと思います。そこで，担任にインタビューをさせてみましょう。

　その日の学級の目標について相談させたり，その日起こった出来事でよかったことや学級での問題点を聞かせたりすることで，朝の会や帰りの会で話す内容のヒントを与えます。中学生では教科担任制になるため，小学校のときよりも担任と接する時間が格段に減っています。生徒が担任の先生に声をかける経験を積ませたり，担任の先生が日直の生徒に声をかけたりするきっかけにもなります。

（岩田　光功）

「朝・帰りの会」
グレードアップのアイデア

① つながりを増す「1分間スピーチ」をしよう

　ある程度の期間が過ぎると，学級内での人間関係が固定されてきます。せっかく同じ学級になった級友のよさを知らないまま，1年間が過ぎてしまう場合もあります。

　そこで，朝の会・帰りの会で，「1分間スピーチ」をさせてはどうでしょうか。はじめは，テーマは自由でよいでしょう。自由と言ってもなかなか決められない生徒が多いので，例えば次のように，ある程度のテーマを示すのも1つの方法です。

　①自分がはまっていること

　②私がいつも見るテレビ

　③一番の願い

　④私の夢

　⑤国に言いたいこと

　スピーチをすることで，学級内の生徒同士のつながりを増すことができます。

　時には，担任も面白いスピーチをするとよいでしょう。

2 机の上は連絡帳と筆記用具のみ！荷物は椅子の下！

「話す力」や「自主的に活動する力」などを身につけさせることができる朝の会と帰りの会。せっかく司会や係の生徒が緊張しながら話しているにもかかわらず，連絡を聞く側の生徒たちが聞く姿勢をとっていなければ効果はあがりません。きちんと聞かせるという視点で時々振り返ってみることが大切です。

話を聞く姿勢や気持ちを高めるための工夫はされているでしょうか。

かばんなどは手が触れない椅子の下へ置かせ，机の上には連絡帳と筆記用具のみとすることが原則です。

学校生活に慣れてくると，特に帰りの会では一日が終わる安堵感や，この後の部活動や下校後の活動に対する高揚感でざわざわしがちです。大事な連絡やスピーチしている生徒の思いを聞き逃すことがないように，雰囲気や環境づくりを見直す必要があります。

3 健康観察をする

健康観察の重要性は改めて言うまでもありません。一般的には，朝の会で健康観察をすることが多いと思いますが，定番だけに形式的に流れてしまっていることはないでしょうか。

生徒が抱える心の健康問題が多様化，深刻化しており，その一部には生徒自身には責任のない，社会環境の変化によるものも多く，特に朝の会での健康観察の重要度が増してきています。係の生徒が読み上げて行うことが多いですが，担任の先生自身が生徒一人ひとりの顔をよく観察することも徹底したいものです。

（岩田　光功）

無事に過ぎそうで過ぎない２月

後に尾を引くトラブルが起こりやすい

　１年生もあと２か月，ともすると「あと２か月間無事に過ぎればいい」という消極的な学級経営に陥りがちです。

　担任がこのような姿勢になると，子どももそれを察知してなんとなく無気力になってしまうものです。それが人間関係をこじらせ，思わぬトラブルへと発展することがあります。

　しかも，この時期のトラブルは，互いに関係を修復しようとはしません。なぜなら，あと２か月間我慢すれば済むからです。互いに譲らず，「次学年からは別々の学級にしてほしい」という保護者からの要望が多く入るのもこの時期です。

次学年０学期という意識をもたせる

　しかし，この時期は次学年への進級を控えた最も大切な時期です。上越教育大学教職大学院教授の赤坂真二氏は，学級経営を「クラスにおける諸活動において『教師がなす』ことではなく，『児童生徒によって物事が成し遂げられる状態』をつくること」と説明しています（2018『資質・能力を育てる問題解決型学級経営』明治図書）。

　２月は，「児童生徒によって物事が成し遂げられる状態」をつくる総仕上げの時期です。次学年０学期という意識をもたせ，**担任が手を離しても大丈夫なように，子どもたちの自立を促す手立てを考えなくてはいけません**。

エンディングの方法は２つ

　最後の総仕上げである学級のエンディングには，大きく分けて２つの方法があります。ソフト・ランディングとランクアップ・ランディングです。

　ソフト・ランディングは，１年間積み重ねてきたことを，そのまま大切にして最後までやりきらせることです。これまで大切にしてきたことができているかどうか自己評価させ，確かな自信に結びつけます。担任は，できていることや成長を価値づけることでさらに信頼関係を深め，生徒を安心させて学級納めに向かいます。

ランクアップ・ランディングは，「このままでいいだろうか」「担任が変わっても大丈夫？」と生徒に投げかけ，最後のステップアップを図る考え方です。上級生になる自分たちの姿をイメージして，１ランク上の目標をもたせます。１年生のうちに上級生になる自覚をもたせることで進級への意欲を高めます。

　どちらも，学級目標に向かって進んできた自分たちを，振り返り，評価し，まとめに向かわせます。**生徒たちだけの力でできるようにすることを目的に，教師は支え，見守ることに徹します。**

教師が仕掛ける「ぐるぐる担任制」

　「ぐるぐる担任制」とは，一定期間担任を入れ替えることです。つまり，他学級の担任が，短学活・給食・掃除の時間等に担任にかわって指導に入る取り組みです。学年主任なども加わり，学年担当教員全員でローテーションを組みます。

　生徒には，「最後は自分たちでクラスを動かそう」と呼びかけます。したがって，**どの教師が担当しても，そのクラスの生徒の自主性に任せます。**

　こうすることで，生徒にとっては，これまで大切にしてきた日常活動を自分たちでやり遂げようとがんばる姿勢につながります。また，個々の教師にとっては，互いの学級の取り組みを見て学ぶことができます。時には，自分では気づけなかった学級経営の欠点を教えてもらえることがあるかもしれません。さらに，教師集団にとっては，チームとしての結束力を高める効果があります。学年の生徒全員を知ることができるとともに，学年としての動きを確認し合い，次年度の方向性を話し合うことができるからです。

　配属された教師が，他学級の子どもたちの活動や様子を大いにほめれば，生徒たちの所属学級に対する満足度を高めるのに効果があがります。また，「担任の先生があなたたちのクラスのことを○○と言って自慢していたよ」などとさりげなく伝えれば，担任と生徒との絆をさらに強固なものにすることができます。

　つまり，**よい情報はその場で意図的に伝え，悪い情報や気になった情報はあとからこっそり教師間で共有します。こうして学年の教師全員が連携することで，教師集団としてのワンランク・アップも図れます。**

　学年集団として当該年度を反省し，次年度の方向性を決めていく２月の時期に実施するのが最適です。学校規模にもよりますが，３〜５日程度で次の教師に交代し，その都度情報交換するとよいでしょう。３月は，再び通常の担任に戻し，安心して学級納めに向かいます。ワンランク・アップした生徒たちと，充実した時を過ごすことができるでしょう。

（野木森　広）

学年末集会

祝・進級

成功のための5つのポイント

1　いつもの雰囲気で始める

　これまで，何か生徒指導が起こった時に急遽開かれることもあった学年集会。1年間を締めくくる最後の学年集会も，その雰囲気を演出して始めます。

2　「えっ，何が起こるの？」を演出する

　大切なのは「緊張の緩和」です。急に呼ばれ，学年集会で何が起こるかわからない…など，生徒に緊張感を走らせる演出を考えます。

3　次々に思い出す1年間の歩み

　緊張感から解放された状態をつくり，生徒が次々に思い出す1年間のエピソードを，コント形式であげていきます。自分のクラスでしか味わえなかった失敗なども混ぜて…。

4　展開を変える後半

　いろいろなエピソードが出たところで，場面をしっとりとした雰囲気へと変換します。しみじみとした口調で語り始めます。

5　最後に最もしたいことを！

　一番伝えたいこと，2年生になる彼らに期待したいことを，教師一人ひとりが語ります。生徒も教師も，しっとりとした雰囲気の中で1年間を振り返ります。

❶ いつもの雰囲気で始める

　この1年間、いろいろな場面で学年集会を開いてきました。行事の前後などに事前に設定し、気持ちをつくるために開いた集会もあれば、学年全体に関わる生徒指導や、嫌な雰囲気を断ち切るために、急遽行う集会もありました。せっかくですから、最後の学年集会はドラマチックに行いたいものです。1年間の学年の成長をしみじみと振り返り、「この学年でよかった」と感じることができる、このときにしかできない学年集会を演出します。

　最後の学年集会は、突然やってきます。前の授業が終わると放送がかかります。

　「1年生は至急、武道場に集合しなさい！」

　生徒は不安な気持ちで、緊張感をもって、武道場に静かに向かいます。

　武道場に生徒が到着すると、教師たちが厳しい表情で彼らを迎えます。静かに整列し、あいさつをして、いつもよりも緊張感が増す中で学年集会を始めます。

❷ 「えっ、何が起こるの？」を演出する

　始まると、何人かの男子生徒に突然、学ランを脱ぐよう指示し、その学ランを預かります。もちろん、3月終わりの時期で寒い日もあるため、そこは職員で確認済み。教員は言葉少なく、相変わらず険しい顔をしています。「この先何が起こるんだろう」と、さらに生徒に緊張感が走ります。いつもと違うことをする私たちを見て、クスッとしている生徒もいますが、大笑いできる雰囲気ではありません。学ラン7枚（職員分）を回収したところで、学年主任から私たちに「集合！」の声がかかります。「はいっ！」の返事に生徒たちは、さらに混乱した様子（一部の生徒は、気づき始めている！）。

　学年主任のもとに私たち学年職員が集合すると、何やらぼそぼそと話し合いが始まりました。何の意味もない話し合いですが、生徒は興味津々で見守っています。やがて、

主任の「わかった？」を合図に，主任以外の職員がかわいく「はいっ！」と返事をし，コント開始です。生徒は，先生たちのかわいい返事を聞いて，悟ります。「これは先生による演出だったのだ」と。同時に，緊張感がとれて，笑いが起こります。「緊張の緩和」は，ドラマチックな演出をする上で，欠かせない要素です。

③ 次々に思い出す１年間の歩み

　教師たちは，生徒から借りた学ランを着て，学生に扮してコントを始めます。山登りに来た学生が，１年間をふり返ってなつかしむという設定です。生徒を山に見立て，山に向かって叫んだりします。なつかしい話，叱られた話，笑ったミスなど，１年間の思い出話をしていきます。担任は，自分のクラスで起こった事件についても話をします。

　給食のときに，野菜が食べられなくて格闘していた生徒と，周りの子たちが，「早く食べや～」とまるで看護師さんのように世話をしていた話，文化祭でお笑い芸人のネタをしていた生徒と一緒に振付をしていた話（これは，担任と実際に芸人さんのネタをやっていました）。「そんなことあったね～」と思わせ，しかもできるだけ笑える話をします。だから，コントを聞いている生徒は，もう大笑いです。

　１年を締めくくる最後の学年集会では，まず「緊張の緩和」をさせたことで，生徒を引き込むことに成功し，学年集会は大盛り上がりでした。主任からの無茶ぶりで，アドリブで当時流行っていたドラマの名シーンを再現させられた先生もいました。

④ 展開を変える後半

コントは後半，メッセージ性のある内容へと場面転換します。コントは続きますが，「いろいろなことがあったね〜」で，私たちの伝えたいことに迫っていきます。彼らには，うまくいかないことがあっても，前向きに進んでいってほしいという願いをこめて，学年の職員全員で「明日があるさ」の歌詞をかえて，歌いました。気づけば生徒は，みんな手拍子をしています。

歌い終わると，生徒からの思いもよらぬ大きな拍手がありました。盛り上がっていますが，ここからはできるだけ，しっとりとした雰囲気をつくっていきます。1年間の生徒一人ひとりの成長が感じられた場面を話し，「和やかでも落ちついた」雰囲気に徐々に変えていきます。ここで生徒に，しみじみと1年間をふり返ってほしかったためです。

⑤ 最後に最もしたいことを！

コントの最後にはしっとりと，学年職員が一人ひとり語ります。1年をふり返って「変わったな」と思うことと，今後に期待したいことを話します。前半のにぎやかな雰囲気がうそのように，生徒は真剣に耳を傾けています。この姿をつくるために，前半で「緊張の緩和」の場面を設定したのです。

1年の最後をふり返ったとき，何を思うか。お祭り騒ぎのように高揚して過ごすのではなく，しみじみと自分自身の成長や変化を感じてほしい。そんな場面を設定するのに，学年集会が大きなきっかけとなりました。

1年生の最後の学年集会がどうなるかは，そこまでの学年集会で，1年間にどれだけ思いを語ってきたかが問われるのだと思います。演出も，コントも，最後にこちらが1年間語ってきたことの総まとめとして語るための手段。よりドラマチックな最後でも，祭りのように騒いで終わりにしないことが大切なのではないかと思います。

(桑山 正吾)

成長を実感する

学年末の鉄板トークネタ

1 1年の成長を実感させ，次の学年へとつなげる

話し始める前に

　中学校に入学して1年。初めての教科担任制，体育大会，文化祭など，様々な初めてのことをみんなで乗り越えてきました。この1年間での個々の成長と学級としての集団の成長を認めつつ，この成長を次の2年生へとつなげさせていきたいと思います。

　最高の学級の一員としてがんばったメンバーとして，2年生でばらばらの学級になっても，この学級を超える学級をつくり上げる一員となる意欲をもたせましょう。

鉄板トークネタ

　みなさん，1年前の自分の姿を覚えていますか？　今，みなさんの顔を見渡すと，1年前の不安そうな顔は消え，中学生として自信に満ち溢れた表情になっています。

　個々の成長と共に，この学級もこの1年で大きく変わりました。自分のことだけで精一杯だった一人ひとりが，周りを見て，自分にできることを率先して行動に移し，思いやりに溢れる学級へと日々成長していきました。また，体育大会や文化祭などの行事を通して，自分たちの力で成し遂げることの難しさと，喜びを知ることもできましたね。

　そんな思いやりと行動力溢れるこの学級も，今日で終わりです。あたたかくて，居心地のよいこの学級の解散は，とても寂しいです。でも，こんな素敵な学級をつくりあげた一人ひとりです。2年生になり，ばらばらになっても，この学級に在籍していたメンバーが率先して，この学級を超える学級をつくるために精一杯努力してくれるだろうと確信しています。「1年生の学級はよかったのに…」と言ってはいけません。前を向き，必ず最高の学級をつくってくださいね。このメンバーが2年生の学級でも活躍してくれるのを，楽しみにしています。

（田中友二郎）

話し始める前に

　成長してきた生徒たちを大いにほめ，感謝の気持ちを伝えましょう。その際に，写真，掲示物など振り返る材料を残しておくと，生徒の気持ちはより高まります。

　そして，「この学級でよかった！」という思いだけで終わってはいけません。大切に育ててきた生徒たちが，現学級への気持ちを引きずらずに，プラスの気持ちで次の学級をスタートできるように切り替えさせることが大切です。それが担任としての最後の仕事です。

鉄板トークネタ

> 　ついに最終日がやってきましたね。教室に残っているものは，学級目標，カウントダウン，そして，みんなのみです。学級目標を見てください。話し合った日のことを覚えていますか（覚えていることを語ったり，生徒に聞いたりする）。みんなは見事1年間かけて，本物の学級目標にしましたね。本当に成長しましたね。

生徒たちの目を見て，ゆっくり語った後，間を置き，切り替える話を始めます。

> 　この学級での1年間はどんな1年だったでしょうか。私はこの学級の担任になることができて，本当に幸せでした。そんな私から最後のお願いがあります。この学級を大切に思う気持ちが少しでもあるなら，2年生になったときに，「○組の方がよかった」と声に出して言わないでください。みんなは1年間かけて，この学級をつくってきました。最初は不安もあったはずです。様々なことを乗り越えてきたから，今のあなたがいるのです。
>
> 　新学級とこの学級を比較しても，時は戻せません。私もきっと「この学級に戻りたいなぁ」と思うときがあると思います。一緒に前に進んでいく大切さを学んだからこそ，その思いを言葉にしないことを約束します。後ろではなく，前を向いてください。こんなに素敵な学級をつくってきたみんななら，○組以上の学級を必ずつくれるはずです。担任の言葉を信じてください。
>
> 　さあ，学級目標を外しましょう（学級委員を前に集合させる。外したらみんなで拍手をする）。1年間，本当にありがとう。新学級での活躍を心から楽しみにしています。

（久保美也子）

3 学校で学ぶ価値を伝え，先輩としての意欲を高める

話し始める前に

　生徒たちに1年間を振り返らせると，入学式や体育祭，文化祭などの行事でのできごとを思い返すでしょう。それだけ一人ひとりの頑張り，手ごたえ，成長があったからです。一方で，生徒が気づきにくい成長もあります。学校の軸となる授業での成長です。授業を通して，生徒たちはお互いに成長してきました。その最終日が今日なのです。当たり前すぎて生徒が気づかなかった授業での姿を価値づけしましょう。この価値づけが2年生での学びへとつながります。

鉄板トークネタ

　生徒一人ひとりを見ながら，笑顔でゆったり，生徒がつくった価値ある姿を語ります。

> 　私が1年間を振り返って，大きく印象に残っていることが2つあります。1つは，入学式。教室で，みなさんはうなずきながら説明を聞き，大きな返事をし，笑顔で式に向かいました。帰りのあいさつも素敵でした。そのあいさつは，毎日の授業でも続き，どの先生からも「さわやかなあいさつができる学級」とほめてもらいました。

　少し間を開けて，コピーしておいた生徒の日記をゆっくり読みあげます。

> 　もう1つは授業です。ある日記を紹介します。
> 「今日の理科で解けない問題がありました。それをAさんが教えてくれて，Bさんが休み時間まで教えてくれました。『わからない』って一言言うだけで，たくさんの人たちが必死に教えてくれました。これはすごいことだと感じました」
> 　みんながいるから学べるのです。わからないと安心して言える授業をつくれたのです。4月からは新1年生があなたたちの授業を目指します。言葉以上に背中で語る先輩で，1年生が安心して学べる学校をつくっていきましょう。君たちの学年のように。

（髙田　佳和）

3 学期の通知表文例集

授業中におもしろいひらめきをする生徒

> 　授業中に独創的な考えをつぶやくことがありました。頭の中に浮かんだことを言葉にすることで自分の考えがまとまると同時に，友達への思考の刺激にもなります。○○さんのつぶやきのおかげで，学級全体の学習活動が活発になり，理解が深まりました。

　授業は発言が全てではありません。授業中に子どもが自分自身の問題意識から思わず発する言葉がつぶやきです。教師がつぶやきを拾えるようになれば，活躍できる生徒は格段に増えます。この意味から，つぶやくことを大いに認める所見を書いてもよいでしょう。

比較しながら聞くことができる生徒

> 　友達の意見と自分の意見とを比較しながら聞くことができます。その上で，両者を関係づけて発言することができるので，論点が明確になります。その結果，中身の濃い話し合いの実現に貢献することができました。

　聞く力はコミュニケーションの基本です。他者の発言の要点をとらえ，それらを比べることは，自分の考えを深めるのに非常に有効な手段です。また，そうすることで，話し合いの論点が明確になることを実感させ，常にそのことを意識できる生徒を育てる意味でも，こうした所見は有効です。

気がついたら注意のできる生徒

> 　正義感が強く，自分がきまりなどを守るだけでなく，友達のよくないことに気がつくと，それをはっきりと伝えることができます。自分の信念を貫く強い精神力を備えていることは，大変立派なことです。

１年生も終盤になると学校生活に慣れが出て，規則や活動にいい加減な気持ちで臨む生徒も現れます。そんなとき，自分の信念を曲げずに注意できる生徒の存在はとても重要です。自分ができていないと人には注意できません。進級を前に，これまで大切にしてきた日常の活動を大いにほめてあげましょう。

大きな声であいさつができる生徒

　誰に対しても大きな声で「おはようございます」と気持ちよいあいさつができました。また，時と場に応じた正しい言葉づかいをすることができます。このような習慣は，新しく入学してくる１年生のよいお手本となることでしょう。自信をもって進級しましょう。

　この時期は次学年への進級を控えた最も大切な時期です。新しく入ってくる１年生をリードするにあたって，気持ちのよいあいさつを価値づけしたいものです。

自然に対する愛情の深い生徒

　教室の花の水やりや生き物の世話に，毎日欠かさず取り組んでいます。校外に出ると，周りの草花や樹木などに強い関心を示し，名前などもたくさん知っています。育てている小動物や植物に対して本当の優しさをもって接しています。

　教室内で植物を育てている学級は多くあることでしょう。中には小動物の世話まで行っている学級もあると思います。生き物には必ず命があり，世話をすることでその命の有限性に気づくことができます。ぜひ多くの生徒に命と接する機会をもたせ，その尊さについて実感を伴って理解してもらいたいですね。

失敗はあったが素直に謝ることができた生徒

　状況に応じたよい判断ができるようになってきました。３学期は自分の過ちを素直に認め，正直に謝ることができました。相手をどのような気持ちにさせてしまったのかを想像し，自分にできることを考えて行えるようになったため，みんなから信頼を得ました。

　これまでは頑なに自分の過ちを認めなかった生徒が，級友と接するうちに心がほぐれ，素直な謝罪ができるようになることもあります。そのときは，すかさずその態度をほめ，謝ってもらった相手の気持ちも確認してみましょう。小さな出来事をきっかけに人は変われるものです。

人のために働ける生徒

> 　自分の係活動が終わると周りを見渡し，終わっていない子のところへ駆け寄り手伝う姿が見られます。自分の仕事だけに留まらず人のために働くことに喜びを感じている様子が窺えます。そうした行動が周りからの信頼を集め，人望が大変厚いです。

　自分の係活動に責任をもって取り組むことは大切なことです。３学期では自分の仕事を全うするだけではなく，誰かのために労を惜しまず行動できる生徒にまで高めていきたいので，こうした生徒の姿勢を学級全体で取りあげ，価値づけることで波及効果を狙っていきましょう。

協調性のある生徒

> 　係や当番の仕事を進んで協力してやり遂げています。みんなで決めた仕事の分担もよく守っていて，とても協調性があります。優しい言葉づかいと柔和な人柄も相まって，○○さんを中心に仲間の輪が広がりました。

　集団生活を俯瞰的に見ていると，仲間の輪の中心に特定の生徒がいることに気がつきます。リーダーシップのある生徒が中心にいる場合や，誰とでも合わせられる協調性のある生徒がいる場合などがあります。多くの友達を惹きつける魅力というのはその生徒にとって一番のほめどころと言えるでしょう。

人とは違う見方・考え方をする生徒

> 　考え方や発想がとてもユニークで，色々な角度から物事を見たり考えたりすることができています。授業では，○○さんの発言をきっかけに話し合いが活性化することが幾度もありました。さらに話し合いで深めた考えを，ノートに要点を整理して書き記すこともできました。

　学校生活にも慣れた３学期になると，ずいぶんと自分をさらけ出すようにもなってきます。斜に構えて物事を見る生徒も出てくることと思いますが，裏を返せば人とは違う見方ができるということです。その視点のおもしろさをとらえて評価に生かしましょう。

（竹野　正純）

1 初めての１年生担任，何に気をつければよいでしょうか…？

Question

初めて１年生の担任をします。これまでは，ある程度学校の生活に慣れた２，３年生の担任でしたので，スムーズに学級経営を行うことができたのですが，１年生となると中学校生活自体が初めてになるので，ちゃんと細かいことまで指導できるかどうか心配です。生徒はもちろんですが，保護者も不安と期待の中で入学をしてくるので，何となくプレッシャーを感じています。どんなことに気をつけて学級経営を行ったらよいでしょうか？

Answer

いきなり「中学生」扱いしない！　じっくりコトコト丁寧に

　１年生は，中学校での成長を願って大きな希望をもって入学してきます。しかし，小学校との違いに戸惑い，不安を抱えて生活を送ることにもなります。まずはこの「不安」を取り除くため，**中学校生活の基礎となる様々な学校のルールを丁寧に教えること**です。「中学生だから，もう自分で何でもできる」と考えてはいけません。まだ小学生と考えるべきです。生活のしかたから学習の方法まで，一つひとつ時間をかけて身につけさせましょう。

　生徒への接し方も乱暴であってはなりません。小学生に接するように共感的な応対をしましょう。乱暴な接し方は，「不安」を「恐怖」に変えてしまいます。「どうしたの？」「何かわからないことがありますか？」等，**生徒の思いに耳を傾ける姿勢をもつこと**です。教師の共感的な姿勢は，学級のなかに「温かな空気」を生みます。それが，学級の中での「安心感」につながっていきます。いきなり「中学生」にさせず，「小学生」からじっくり育てていきましょう。

中学3年間の基礎をつくることを常に考える

さて,「中学生」に育てるとはどんなことでしょうか。それは,「主体的」に動くことができるということと「共生的」な人間関係をつくることができるようになるということです。

「主体的」に動くことができるようにするということは,生徒自身に考えさせ活動できるようにするということです。行事はもちろんですが,日常の委員会や係の活動,そして学習においても,「今,何をすべきか」「どう改善すればよいか」ということを教師が指示するのではなく,生徒自身に考えさせ行動させましょう。徐々に指示待ちの「小学生」から脱却し,自ら行動できる「中学生」らしくなってきます。

もうひとつ大切なことは,「共生的」な人間関係の大切さを教えることです。担任としてできることは,学級内に「支持的な風土」をつくることです。担任はどうしても学級の中にリーダーを育てることを中心に考えてしまいます。もちろん大切なことですが,それとあわせてリーダーをフォローできる生徒(フォロワー)を育てていくことが大切です。リーダーの活動だけを認めるのではなく,それを支えた生徒たちへの励ましと承認の言葉を学級の中に増やしていくことです。この2つのことができるようになったときに,中学校3年間の基礎ができるといっても過言ではありません。

「温かい学級づくり」が全てのベース

中学校では,担任だけでなく,教科担任や部活動顧問など多くの先生とのかかわりができてきます。様々な関係ができますが,やはり「学級」という温かい"母船"が必要です。1年生の担任として,居心地のよい学級づくりをすることがすべての活動のベースとなります。

Point！

いきなり「中学生」扱いするのではなく,徐々に3年間の基礎を育てていくという姿勢で学級経営にあたりましょう。主体的に活動し,共感的な人間関係をつくることができる生徒の育成をじっくり行っていくことが大切です。**キーワードは「丁寧な指導」です。**安心して学校生活を送らせるための大切なキーワードです。

2 部活動の入部を決めかねている生徒がいます…

　本当は，小学校から続けてきたバスケットボールをやりたいのだけれども，仲のよい友人がバレーボールに誘ってきたのでどうしたらよいか迷っているという生徒や，自分は運動能力が低いから文化部に入りたいが，入りたい部活動がないので困っているという生徒，部活動自体に興味がない生徒など，多くの生徒がどのように決めてよいかわからない状態です。どのような指導をしたらよいでしょうか。

Answer

1 回ですべてが決まるわけではない！

　部活動の選択のしかたは学校によってまちまちだと思います。なかには，部活動に参加しないという選択肢がある学校もあります。部活動は，教育課程内に位置づけられていないものの，生徒の生活や友人関係に大きな影響を及ぼす活動です。生徒や保護者が選択に慎重になるのもやむを得ないことです。担任として大切にしたいことは，生徒に安心して部活動選択をさせてあげることです。「1回だけですべてが決まるわけではない」ことを十分に説明し，理解させましょう。

　部活動見学や仮入部を経て入部をすると思いますが，うまくいかないことは往々にしてあります。転部も可能であることや，その際には担任が親身に寄り添うことを学級の生徒に伝えておくことです。「失敗しない部活動選び」ではなく「何度もチャレンジできる部活動選び」であることを意識させましょう。それが生徒の安心感につながります。

部活動に何を求めるかを考えさせる

　一口に「部活動に参加する」といっても，生徒の取り組む意識は様々です。地区大会や全国レベルでの優勝を目指す生徒もいれば，「楽しさ」や「体づくり」を優先する生徒もいます。部活動選択の前に次のような話をしてみてはいかがでしょうか。

①何よりも自分の興味や関心を重視すること

　友達に誘われたからとか，親に言われたからという理由だと長続きせず，部活動が辛いものになりやすいものです。自分の思いを第一に考えた方がよいことを伝えましょう。

②自分にとっての部活動の位置を考えること

　部活動が入賞や優勝を目指すものであるのか，「楽しさ」や「健康づくり」を目指すものであるのかという，自分にとっての達成目標を考えさせます。中には「友達づくり」が目標という生徒もいるかもしれません。自分にとっての部活動の意義を明確にさせることです。目的がはっきりしていれば部活動は長続きします。

迷ったら両方やってみればいい！　やらないことも選択肢として考える

　「迷うこと」はすばらしいことです。前向きな姿勢があり，興味や関心が高いからこそ迷うのです。担任として困るのは，部活動に興味がない生徒です。限られた内容の部活動に興味がわかない生徒がいても不思議ではありません。無理やりやらせることで不登校になったり，担任不信に陥ったりすることが多々あります。こうした生徒には，「やらないこと」も選択肢の１つとして話し合いをすることをおすすめします。自分の興味のあることが他にあれば，そちらに力を注ぐことで人生を豊かにできると考えましょう。

Point！

　部活動選択でのポイントは，**制限をかけ過ぎないということです。**何度も選択できる，やらないことも選択の１つと考え，とにかく生徒の興味や関心がどこにあるのかを中心に選択させることです。**柔軟な選択こそが生徒の可能性を伸ばすことにつながります。**人生を豊かにすることを大きなねらいとしてじっくり考えさせましょう。

3 学級がざわついてしまい，集中して話が聞けません…

Question

夏休みが終わり，2学期に入ってから何となく生徒の私語が多くなり，静かに集中して話を聞けなくなってしまいました。1学期は静かに集中して聞けていたので，なぜだか理由がよくわかりません。「静かに！」と大きな声を出すことがだんだんと増えてきています。一時は静かになるのですが，すぐにざわついてしまいます。この先，どのような指導をしていったらよいかわからない状況です。どうしたらよいでしょうか。

Answer

話し方や指示のしかたを振り返ってみましょう

　教室内がざわついていて話を集中して聞けないという状況は，学級崩壊につながりかねない状況であるといえます。何か落ちつかない要因があるのです。生徒に問題がある場合もありますが，多くは教師の話し方や指示のしかたに問題があります。一度ご自身の話し方を振り返ってみてはいかがでしょうか。次のような状況のときに生徒の集中力が失われていきます。

　・教師が一方的に話し続け，聞く側の生徒の状況を考えていない
　・指示がいくつも重複し，生徒が何をしたらよいのかわからない状況になっている
　・話が長く，話のポイントが見えてこない

　こうした状況になると，生徒はいらいらして話に興味を失ってしまい，近くの友人とのおしゃべりにつながるのです。

話し方を意識してみる

　前述のように，生徒が話を聞かなくなる原因の多くは，教師の話し方にあります。大人でもそうですが，**一方的でわかりにくい話を聞きたいとは思えません。**どうしたら聞きたくなるような話になるのでしょうか。特別面白い話をする必要はないのです。向山洋一氏の「授業の原則十か条」の第一条から第三条が参考になります。

　・第一条　趣意説明の原則…指示の意味を説明せよ。
　・第二条　一時一事の原則…一時に一事を指示せよ。
　・第三条　簡明の原則…発問・指示は短く限定して述べよ。

　つまり，長い話にならないよう指示や説明は一時に1つだけとし，言いたいことを最初に話し，短く端的に話をすることが大切なのです。自分の話し方というのは，癖に近いものがあり，身についてしまっています。かなり意識して話し方を変えていく必要があります。

対話型の話のスタイルから「聞きたい」という思いを生む

　「聞きたい」と思える教師の話は，実は対話型から生まれてきます。生徒に話しかけながら，問いかけながら話をするのです。「今日はかなり暑い日になりそうですよ。何に気をつけるかな？」と問えば，「熱中症！」と生徒から返ってきます。「それを防ぐには？」と問えば，「水分補給と帽子をかぶること！」と返ってきます。ここから熱中症予防の話を始めればよいわけです。生徒とコミュニケーションをとりながら話す方が，一方的な話よりも記憶に残り，「もっと聞きたい」という思いへとつながってきます。教師の心の余裕があれば，その中に簡単なジョークも入れることができます。**ゆとりある話こそが生徒のいらいら感を解消します。**

Point !

　話を聞く姿勢の崩れが気になるときは，**自分自身の話し方を振り返ってみましょう。**簡潔に要点を絞って話すことと，一方的ではなく，生徒との対話を楽しみながらの話し方を意識してみることです。**教師のゆとりのなさこそが，生徒のいらいら感を助長するのです。**生徒を中心に据えた話し方をマスターしていきましょう。

4 いつも1人でいる生徒がいます…

　もうすぐ2学期も終わるというのに，なかなか友達ができず，いつも1人でいる生徒がいます。本人に声をかけても「これでいい」と言いますが，行事の班決めなどの際にどのグループからも声をかけられず，心配しています。このままでいいのでしょうか。

　また，欠席する日も多くなってきており，このまま不登校になってしまうのではないでしょうか。どうしたらよいかわかりません。

Answer

まずは情報共有から始めましょう！

　この生徒は，決して安定しているとは言えない状態です。落ちついて1人でいるというよりも，1人でいることしかできないので1人でいるのです。先生が声をかけても「これでいい」とか「大丈夫」と言いますが，それは決して本音ではありません。苦しくてしかたがないのだと思います。グループ編成のときなどは，消えてしまいたいくらい辛い思いをしているはずです。見た目の「安定」に騙されてはいけません。

　この生徒は，先生に相談したり心配をかけたりすることによる，他の生徒からのアプローチが怖いのだと思います。このままだと，ご心配の通り不登校になってしまう可能性が高いです。早い段階で学年や学校のケース会議などにおいて，**この生徒の状況についての情報を共有することが必要**です。中学校では，担任1人で対応するには限界があります。多くの目でこの生徒を見守る体制をできるだけ早くつくりましょう。

胸いっぱいの思いを吐き出させる

　この生徒についての情報共有ができたら，学年や学校全体でこの生徒を見守ることになります。また，**早い段階でのカウンセリングが必要**です。胸の中にためた苦しい思いを吐き出させてあげないと「破裂」してしまいます。担任，学年主任，相談員やカウンセラーなど，この生徒が話してみたいと思う大人が話を聞きましょう。**まずは聞くだけでいいのです。**担任が聞けない場合が往々にしてありますが，悲観的になったり，自分の力のなさを感じたりする必要はありません。利害関係のある担任には話しにくいものです。

　ただ，自分が聞かなくても，その内容は詳細に把握しておく必要はあります。チームとして動いている者全員で情報を共有することです。この時点で，この生徒の心の中に小さな安心感が生まれます。担任は，共有した情報の中から，この生徒とかかわれそうな内容を確認して，少しずつ声かけをしていきましょう。できればカウンセリングの場に同席できるようになることが望ましいです。

具体的に動き，居場所づくりを行う

　さて，次の段階が担任の出番です。状況にもよりますが，この生徒がどうしたいのか，どうしてほしいのかをカウンセリングの中で確認できたら，担任が学級経営の中でできることを具体的に実現させていくことになります。この段階になったら，担任としてこの生徒や保護者とのかかわりを増やしていく必要があります。

　そして，**最大のポイントは，学級の中でのこの生徒の居場所をいかにつくるか**です。これまでの情報とこの生徒との話し合いから，最適な「居場所づくり」をしていきましょう。担任としてこの生徒にかかわる最大の仕事となります。

知っていますか，「絆づくり」と「居場所づくり」

　さきほど，「居場所づくり」という話をしましたが，よく似た言葉に「絆づくり」という言葉があります。この2つの言葉の違いをご存じでしょうか。国立教育政策研究所の『生徒指導リーフ2』を参考にお話させていただきます。

> ★「絆づくり」
> 　主体的に取り組む共同的な活動を通して，生徒自らが「絆」を感じ取り，紡いでいくことを指しています。「絆づくり」を進めるのは生徒自身であり，教職員に求められるのはそのための「場づくり（場や機会の提供）」，いわば黒子の役割と言えます。

> **★「居場所づくり」**
> 　生徒が安心できる，自己存在感や充実感を感じられる場所をつくりだすことを指しています。すなわち，教職員が生徒のためにそうした「場づくり」を進めることであり，生徒はそれを享受する存在と言えます。

　「絆づくり」は生徒自身が行うものであり，教職員が行うのは「居場所づくり」です。しかし，何もしないままでは，なかなか「絆」は生まれてきません。担任が積極的に「絆づくり」の場をつくり出すことも大切です。エンカウンターやピア・サポートなどのエクササイズを積極的に取り入れることにより，「絆」がつくられていきます。意図的な場づくりが重要となっています。

●エンカウンター

　エンカウンターとは，本音を表現し合い，それを互いに認め合う体験のことをさしています。この体験が，自分や他者への気づきを深めさせ，人とともに生きる喜びや，わが道を力強く歩む勇気をもたらします。特に，リーダーの指示した課題をグループで行い，そのときの気持ちを率直に語り合うことを通して，徐々にエンカウンター体験を深めていく方法を「構成的グループエンカウンター」といいます。

●ピア・サポート

　生徒同士で問題を解決したり，困っている仲間を支えたり励ましたりする取り組みをさしていて，仲間づくりや聞くことの大切さを知るためのスキルがあります。大いに活用することで，「絆」づくりにつながっていきます。

Point！

　ポイントは，何といっても **「情報共有」** です。担任１人で対応する時間が長ければ長いほどこの生徒の苦しみは続きます。学年を主体としたチームでの取り組みがこの生徒を苦しみから救うことにつながっていきます。そして，担任としての最大の仕事は，「居場所づくり」です。**「ひとりぼっち」** は辛いものなのです。

（山田　貞二）

【執筆者一覧】

玉置　　崇 （岐阜聖徳学園大学）
山田　貞二 （愛知県一宮市立浅井中学校）

濱田　隆史 （愛知県一宮市立浅井中学校）
久保　慎也 （愛知県小牧市立小牧中学校）
田中友二郎 （愛知県岡崎市立額田中学校）
久保美也子 （愛知県小牧市立岩崎中学校）
髙田　佳和 （三重県東員町立東員第一中学校）
時田　　学 （愛知県一宮市立浅井中学校）
松岡　美幸 （愛知県一宮市立浅井中学校）
三品　慶祐 （愛知県小牧市立小牧中学校）
石川　　学 （愛知県小牧市立北里中学校）
芝田　俊彦 （愛知県小牧市立味岡中学校）
桑山　正吾 （愛知県小牧市立篠岡中学校）
玉置　潤子 （元愛知県春日井市立高森台中学校）
宮内　祐未 （愛知県小牧市立味岡中学校）
武田　慎平 （愛知県小牧市立味岡中学校）
弓矢　敬一 （愛知県一宮市立西成東部中学校）
小山内　仁 （北海道八雲町立野田生中学校）
野間　美和 （愛知県春日井市立南城中学校）
竹野　正純 （愛知県江南市立古知野中学校）
林　　雄一 （愛知県一宮市立浅井中学校）
湯浅　良将 （愛知県一宮市立浅井中学校）
深澤　成雄 （愛知県一宮市立浅井中学校）
岩田　光功 （愛知県一宮市立西成中学校）
野木森　広 （愛知教育大学）

【編著者紹介】

玉置　崇（たまおき　たかし）

1956年生まれ。公立小中学校教諭，国立大学附属中学校教官，中学校教頭，校長，県教育委員会主査，教育事務所長などを経て，平成24年度から3年間，愛知県小牧市立小牧中学校長。平成27年度より岐阜聖徳学園大学教授。

文部科学省「小中一貫教育に関する調査研究協力者会議」委員，「統合型校務支援システム導入実証研究事業」委員会委員長などを歴任。

著書に『中学校　新学習指導要領　数学の授業づくり』（明治図書，単著），『スペシャリスト直伝！中学校数学科授業成功の極意』（明治図書，単著），『わかる！楽しい！中学校数学授業のネタ100　1～3年』（明治図書，編著），『「愛される学校」の作り方』（プラネクサス，共著），『落語家直伝　うまい！授業のつくりかた』（誠文堂新光社，監修）など，多数。

1年間まるっとおまかせ！

中1担任のための学級経営大事典

2020年3月初版第1刷刊　Ⓒ編著者　玉　置　　　崇

発行者　藤　原　光　政

発行所　明治図書出版株式会社

http://www.meijitosho.co.jp

（企画）小松由梨香　（校正）新井皓士

〒114-0023　東京都北区滝野川7-46-1

振替00160-5-151318　電話03(5907)6701

ご注文窓口　電話03(5907)6668

＊検印省略　　　　組版所　長野印刷商工株式会社

本書の無断コピーは，著作権・出版権にふれます。ご注意ください。

Printed in Japan　　　　ISBN978-4-18-327122-8

もれなくクーポンがもらえる！読者アンケートはこちらから→

中学校 学級づくり 365日の 仕事術&アイデア事典

玉置 崇 編著

アイデア満載！

学年別3巻

160ページ　A5判

1,960円＋税

図書番号
1年：1751　2年：1752　3年：1753

教室トークから行事盛り上げ術まで

中学1年 学級づく 365日の 仕事術&アイ

中学2 学級づ 365

中学3年の 学級づくり 365日の 仕事術&アイデア事典 玉置 崇 編著

修学旅行を成功させるための秘策から
卒業の日に向けた演出まで
中3担任のための毎日のネタ帳！

■見開き構成&写真多数で
　パッと見てわかる！

■節目ごとの担任のトーク例や
　各学期の通知表文例も収録！

●なぜあの先生の**トーク**には生徒が耳を傾けるのか？

●なぜあの教室の**掲示物**には動きがあるのか？

●なぜあの学級は**合唱祭**に向かって日に日にまとまっていくのか？

うまくいくには
理由(わけ)がある

明治図書
携帯・スマートフォンからは **明治図書 ONLINE** へ　書籍の検索、注文ができます。　▶▶▶
http://www.meijitosho.co.jp　＊併記4桁の図書番号（英数字）でHP、携帯での検索・注文が簡単に行えます。
〒114-0023　東京都北区滝野川7-46-1　ご注文窓口　TEL 03-5907-6668　FAX 050-3156-2790

＊価格は全て本体価表示です。